人才学视角下辽宁省竞技体育发展研究

李成梁 著

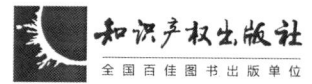

图书在版编目（CIP）数据

人才学视角下辽宁省竞技体育发展研究 / 李成梁著 .—北京：知识产权出版社，2014.8

ISBN 978 – 7 – 5130 – 2930 – 8

Ⅰ.①人… Ⅱ.①李… Ⅲ.①竞技体育—研究—辽宁省 Ⅳ.① G812.731

中国版本图书馆 CIP 数据核字（2014）第 198738 号

内容提要

首先，本书通过总结历史文献对辽宁省竞技体育发展历程进行了阶段划分。接着，对辽宁省竞技体育优势项目优秀运动员的社会环境、训练情况、心理和文化等方面进行了调查，确定了辽宁省竞技体育优势项目优秀运动员成才规律，确定了辽宁省竞技体育优秀教练员成才的因素。最后，从人才环境视角构建了竞技体育人才环境评价指标体系。

责任编辑：李德升　　　　　　　　责任出版：孙婷婷

人才学视角下辽宁省竞技体育发展研究
RENCAIXUE SHIJIAOXIA LIAONINGSHENG JINGJI TIYU FAZHAN YANJIU

李成梁　著

出版发行：知识产权出版社 有限责任公司	网　　址：http://www.ipph.cn
电　　话：010 – 82004826	http://www.laichushu.com
社　　址：北京市海淀区马甸南村1号	邮　　编：100088
责编电话：010 – 82000860 转 8355	责编邮箱：lidesheng@cnipr.com
发行电话：010 – 82000893	发行传真：010 – 82000893/82005070/82000270
印　　刷：北京中献拓方科技发展有限公司	经　　销：各大网上书店、新华书店及相关专业书店
开　　本：720mm×1000mm　1/16	印　　张：10
版　　次：2014 年 8 月第 1 版	印　　次：2014 年 8 月第 1 次印刷
字　　数：153 千字	定　　价：30.00 元

ISBN 978 – 7 – 5130 – 2930 – 8

出版权专有　侵权必究

如有印装质量问题，本社负责调换。

目　录

第一章　辽宁省竞技体育发展历程及影响 ……………………………… 1

第一节　辽宁省竞技体育的发展历程 …………………………………… 3
一、辽宁省"体育强省"地位的形成（1949—1993）…………………… 3
二、辽宁省"体育强省"地位的发展（1994—　　）………………… 9

第二节　辽宁省竞技体育的发展对我国
竞技体育格局的历史性影响 ……………………………………………… 14
一、与时俱进的"举省体制"为"举国体制"提供了强大
的助推力 ……………………………………………………………… 14
二、创新的竞训模式为全国竞技体育改革开放的深化提供
了参考 ………………………………………………………………… 15
三、与群众体育、学校体育形成良性互动，构建了浓郁的
体育文化环境 ………………………………………………………… 16
四、竞技体育史上涌现出一大批体育人才，赢得了无数荣誉 …… 16

参考文献 ………………………………………………………………… 18

第二章　辽宁省竞技体育优势项目优秀运动员成才规律 ……………… 19

第一节　竞技体育优势项目中优秀运动员成长研究综述 …………… 21

第二节　辽宁省竞技体育优势项目发展演变历程的研究 …………… 22
一、竞技体育优势项目的确定 ………………………………………… 22
二、竞技体育优势项目发展演变历程 ………………………………… 24

第三节　辽宁省竞技体育优势项目运动员成才过程的基本
情况调查 ………………………………………………………………… 29
一、辽宁省竞技体育各优势项目运动员成才过程的时间
特征 …………………………………………………………………… 29
二、辽宁省竞技体育各优势项目优秀运动员家庭环境特征 ……… 32

　　　　三、辽宁省竞技体育各优势项目优秀运动员参加训练的

　　　　　　动机特征……………………………………………………34

　　　　四、辽宁省竞技体育各优势项目优秀运动员学历情况………35

　第四节　辽宁省竞技体育优势项目优秀运动员成才途径和

　　　　　影响因素分析………………………………………………………36

　　　　一、辽宁省竞技体育优势项目优秀运动员成长的途径………36

　　　　二、辽宁省竞技体育优势项目优秀运动员成才的影响

　　　　　　因素分析……………………………………………………40

　第五节　辽宁省竞技体育优势项目优秀运动员成才规律……………54

　　　　一、运动才能萌发规律……………………………………………54

　　　　二、运动才能增长规律……………………………………………54

　　　　三、扬长成才规律…………………………………………………54

　　　　四、聚焦成才规律…………………………………………………55

　　　　五、协调成才规律…………………………………………………55

　　　　六、竞赛成才规律…………………………………………………55

　　　　七、曲折成才规律…………………………………………………55

　　　　八、新陈代谢规律…………………………………………………56

　　　　九、运动技能反馈规律……………………………………………56

　　　　附：王军霞成长历程………………………………………………56

　参考文献………………………………………………………………………61

第三章　辽宁省竞技体育优秀教练员成才的多因素分析……………63

　第一节　竞技体育优秀教练员成才因素综述……………………………65

　　　　一、成才的相关概念………………………………………………66

　　　　二、教练员的能力素质研究………………………………………66

　　　　三、教练员的培养机制研究………………………………………68

　第二节　辽宁省竞技体育优秀教练员的现状……………………………69

　　　　一、教练员的年龄…………………………………………………69

　　　　二、教练员的学历…………………………………………………70

三、教练员的职称 ································· 71
　　　四、教练员的科研能力 ····························· 72
　　　五、教练员的岗位培训 ····························· 73
　　　六、教练员的运动经历 ····························· 75
　第三节　辽宁省竞技体育优秀教练员成才的因子分析 ········· 77
　　　一、教练员的文化知识因子 ························· 81
　　　二、教练员的业务管理能力因子 ····················· 84
　　　三、教练员的创新能力因子 ························· 87
　　　四、影响教练员的环境因素因子 ····················· 89
　　　五、教练员的人际关系因子 ························· 91
　　　六、教练员的综合素质因子 ························· 92

参考文献 ·· 95

第四章　人才环境理论视角下辽宁省竞技体育发展对策研究 ····· 99

　第一节　人才环境理论视角下辽宁省竞技体育发展的研究意义 ··· 101
　第二节　我国竞技体育人才环境研究现状 ··················· 103
　　　一、竞技体育人才发展的地域差别研究 ··············· 104
　　　二、竞技体育人才流动的研究 ······················· 104
　　　三、竞技体育人才保障机制的研究 ··················· 105
　　　四、竞技体育后备人才的研究 ······················· 105
　　　五、竞技体育人才的现状研究 ······················· 106
　第三节　相关概念的界定 ································· 107
　　　一、人才的概念 ··································· 107
　　　二、环境的概念 ··································· 108
　　　三、人才环境的概念 ······························· 108
　　　四、竞技体育人才的概念 ··························· 108
　　　五、竞技体育人才环境的概念 ······················· 108
　第四节　辽宁省竞技体育人才环境评价指标体系的构建 ······· 109
　　　一、竞技体育人才环境综合评价指标体系的内涵与功能 ··· 109

二、竞技体育人才环境综合评价指标体系的设计 …………… 111
　　三、竞技体育人才环境综合评价指标体系的建立 …………… 113
第五节　辽宁省竞技体育人才环境综合评价 …………………… 118
　　一、竞技体育人才环境评价方法的选择 ……………………… 119
　　二、确定竞技体育人才环境评价的指标权重 ………………… 120
　　三、竞技体育人才环境指标数据的标准化 …………………… 121
　　四、多级模糊综合评判 ………………………………………… 124
　　五、五省市竞技体育人才环境不同维度评价结果 …………… 128
第六节　人才环境视角下辽宁省竞技体育的发展对策 ………… 131
　　一、辽宁省竞技体育人才环境存在的问题 …………………… 131
　　二、以人才环境理论为视角提出辽宁省竞技体育的
　　　　发展对策 …………………………………………………… 132
第七节　结　语 …………………………………………………… 141
参考文献 …………………………………………………………… 142

附录　辽宁省竞技体育人才培养办法 ………………………… 147

第一章
辽宁省竞技体育发展历程及影响

新中国成立65年来，辽宁省竞技体育事业取得了举世瞩目的成就，为国家培养了大批的优秀运动人才，为国家奥运争光计划的实施做出了巨大的贡献，在中国竞技体育格局中具有举足轻重的地位。从半个多世纪以来辽宁省竞技体育所取得的成绩来看，既有辉煌的时刻，也出现过令人担忧的下滑期，这充分体现了辽宁省竞技体育发展的坎坷历程。继成功举办2008年北京奥运会足球比赛后，辽宁省成功举办了第12届全国运动会。两次大型赛事的成功举办，充分表明辽宁省竞技体育事业的发展步入了成熟期：不仅能够培养运动员创造辉煌的运动成绩，而且有实力举办大型的体育赛事，体现出了较强的综合实力。面对历史机遇和过去的业绩，辽宁省竞技体育目前的重要任务之一，就是对65年来的发展历程进行深刻、全面的总结和分析，以先进经验和理论成果启迪可持续发展的思路，在保持体育大省和体育强省历史地位的基础上，争取在更高的平台上为国家体育事业做出更大的贡献。对辽宁省竞技体育优势地位形成的历史进行科学梳理，客观分析各历史分期的特点，既可以清醒地了解历史与现实，又能够在此基础上为未来制定行之有效的战略，使辽宁省竞技体育步入可持续发展的良性轨道。因此，笔者对辽宁省竞技体育发展进行研究具有极强的历史与现实意义，符合科学发展观的要求，契合唯物辩证法的实质，能够促进辽宁省竞技体育实力的提高，并为中国竞技体育的发展提供极为有益的借鉴。

第一节　辽宁省竞技体育的发展历程

一、辽宁省"体育强省"地位的形成（1949—1993）

1. 第一阶段：初步发展阶段（1949—1959）

新中国诞生以后，全社会百废待兴，竞技体育事业更是一片空白，党和国家以苏联的发展经验为借鉴，初步建立了社会主义计划经济体制。体育事业同样以国家为唯一主导，在废墟上开始起步发展。1952年11月15日，中央体育委员会成立，贺龙任委员会主任，标志着国家统一管理体育运动的体制正式确立，该体制至今还影响并决定着中国竞技体育的发展，被称为"举国体制"。此时期，在支离破碎的旧中国竞技体育基础上，辽宁省竞技体育在排球、篮球、足球等球类集体项目上显示了得天独厚的优势，并多次获得全国冠军。1959年，新中国第1届全国运动会在北京召开。辽宁省取得了4金、9银、15铜的成绩，位列第15名，居全国中游；田径项目获得1金、6银，并打破男子4×400m接力和10000m两项全国纪录，初步展现了实力。该阶段辽宁省竞技体育发展主要有以下几个特点：

（1）政治因素是主要发展的动因。新中国巍然屹立在世界的东方，辽宁人民与全国人民一样扬眉吐气，奋发图强，在各个方面都力争创造优异成绩。体育工作者同样不甘落后，艰苦奋斗。竞技健儿们继承刘长春的爱国主义传统，为甩掉"东亚病夫"的屈辱而努力拼搏，所爆发出的能量是惊人、感人的。旧中国辽宁省竞技体育的优势顺利地转化为新中国竞技体育的实力，完成了两种体育文化的对接，融合为初始阶段的社会主义体育文化，且未产生较大的体制性摩擦和阵痛。

（2）身体的先天优势与工业基地的经济优势整合出超强的体育生产力。辽宁地处北方，寒冷的气候和祖辈的生活方式使得大多数民众身体强壮、高大，常年与冰雪等恶劣气候的抗争，使民众具有与生俱来的良好意志品质，这也为从事艰苦的竞技体育工作打下了良好的生理与心理基础。当时辽宁是东北工业基地的"排头兵"，鞍山的钢铁工业、抚顺的煤炭工业、阜新的电力工业、沈阳的装备制造业、大连的造船和化学工业，均是国家"一五"规划的重要内容，享誉中外。先进的大工业生产能够为竞技体育的发展提供充足的物力、财力、人力资源。如当时的大连造船厂足球队就是辽宁足球队的主体。两大优势的结合，使辽宁省竞技体育形成了得天独厚的优势，顺理成章地取得了辉煌的成就。

（3）以集体项目为主要特色。受传统思想的影响，当时辽宁的足球、排球、篮球等集体项目深受群众欢迎，并且始终保持国内领先地位。因为集体项目更符合当时政治观念的表达，所以集体球类项目的发展得到了各方面的重视。

（4）学校竞技体育成就突出。由于政治、经济、文化等因素的影响，当时辽宁的沈阳、大连等城市集中了相当数量的高等院校。在大环境的影响下，这些高校的竞技体育开展得有声有色，充分发挥了独有的智力支持、知识支撑的作用，形成了辽宁省竞技体育新的增长点。以沈阳体育学院为例，仅在1958年，该院就有4名学生获得"运动健将"的称号，50名学生进入一级运动员行列，112名学生达到了二级运动员标准；学生乔成明先后在全国比赛中以51分45秒6和1小时39分37秒的成绩打破当时男子10km和20km竞走全国纪录，并超过了美国运动员赫逊当年创造的1小时41分15秒的男子20km竞走世界最好成绩；学校足球队获得全国体院足球比赛冠军。1959年5月，沈阳体育学院学生佟作林在辽宁省第1届运动会上以10秒6的成绩打破了刘长春保持了26年的男子100m辽宁省纪录，实现了当时辽宁人民打破最后一项旧田径纪录的愿望。

该阶段也暴露出一些问题：①缺乏清晰而完整的发展规划，相关制度建设仍处于低水平发展阶段。受各方面条件的限制，以及当时历史环境的制约，主管部门无法及时制订长期而具有指导性、前瞻性的竞技体育发展规划、战略；各种制度、机制均围绕政治功能执行，缺乏主动性、创造性。②隶属关系一度比较紊乱。当时很长时间内东北大区的区位概念与辽宁省域概念同时并存，因此当时辽宁省竞技体育与东北竞技体育在相当长的时期内难以区分，隶属关系不清。③体制混合，管理职能模糊。由于照搬苏联经验，难免过于机械呆板，致使竞技体育与学校体育、群众体育界限不清。特别是竞技训练、体育教育混为一体，如当时的东北体训班与东北体育学院就彼此交叉，较长时间没有分离，无法明晰各自的功能、目标。总之，这个阶段辽宁省竞技体育呈现蓬勃发展的态势，在国内居中游地位。由于当时特殊的历史环境所决定，政治因素主导的管理体制促成了辽宁省竞技体育的初步发展。各种积极因素的充分发挥，形成了强大的动力，为辽宁省竞技体育的进步奠定了良好的基础。同时政治因素的过度延伸，也混淆了政治与体育的区别，致使两者成为上位与下位的统属关系，没有体现体育的特殊性，也为以后辽宁省竞技体育的发展埋下一定的隐患。

2. 第二阶段：曲折前进阶段（1960—1970）

这一阶段的初期，正逢全国性的自然灾害，人们疲于保命；到了中期，于1966年爆发的"文化大革命"，致使全国竞技体育的发展停滞不前，各级各类运动机构无法正常运转，使竞技体育运动处于停顿的状态。辽宁省竞技体育也没能从这一政治灾难中幸免。1965年举行的第2届全国运动会是此阶段最具实际意义的赛会，辽宁省获得了9金、9银、11铜的成绩，位居全国第10名，已处于全国上游水平，与第1届全国运动会相比，产生了较大幅度的飞跃。但纵观辽宁省竞技体育发展的历史可以看出，此阶段辽宁省的运动成绩是非常差的，当然全国的水平普遍较差。该时期辽宁省竞技体育表现出的特点如下：①继续在集体球类项目上保持优势。辽宁女排获得1962年全国女排甲级联赛冠军、1965年第2届全国运动会亚军。辽宁男、女篮球队开始成为国内一流运动队，1966年男队两胜国家队、女队3次战胜第2届全国运动会冠军解放军队。②体操、武术、射击等项目初见成效，提高了辽宁省各项赛事的奖牌增长点。辽宁体操队运动员在1962年获得全国体操个人冠军赛男子鞍马第1名。辽宁武术队运动员在1960年举行的全国武术比赛中，获得全能冠军、短器械冠军和长器械冠军。辽宁射击女选手在1964年10月的全国射击冠军赛中，打破自选小口径步枪50m 60发卧射的世界纪录。③坚定信念，保留火种。受"文化大革命"的严重影响，辽宁省竞技体育的管理制度、运行机制和人才培养体系等均遭到不同程度的破坏，上升势头被暂时遏止，但这种影响是全国性的。在这样让社会发展倒退的历史背景下，辽宁省竞技体育工作者用坚定的信念及依然坚持为祖国和人民争光的神圣使命感、责任感，苦撑危局，激流勇进，在田径、体操、球类等项目上保留了一批种子队员，为后来辽宁省竞技体育的崛起奠定了良好的人才基础。

3. 第三阶段：复苏徐行阶段（1971—1978）

1971年"九一三事件"之后，国家和人民开始对"文化大革命"的错误进行深刻的反思，拨乱反正成为共同的心声。周恩来总理过问了停滞不前的体育工作，要求体育工作者打破"左"的束缚，有所作为。同年发生的"乒乓外交"事件，成为中美建立正常外交关系的媒介，体现了体育重要的职能。辽宁省竞技体育被压抑和限制的激情得以爆发。以球类运动为例，足球在1972年全国足球分区赛中获得冠军，1975年再获全国运动会冠军；乒乓球共获9次世界冠军；羽毛球崭露头角，1977年获得世界锦标赛男子单打冠军。在1975年举行的第3届全国运动会上，辽宁省以13金、15银、15铜的成绩名列全国第7名，继续保持强劲的上升势头。这一阶段辽宁的田径项目成绩喜人，邹振先在1976年凭借16.60m的成绩创造了全国三级跳远纪录，位居亚洲前列。体操、射击、武术等项目也取得较好的成绩。这一阶段辽宁省竞技体育的特点：①军队、厂矿等企业是竞技体育发展的基础。由于"文化大革命"的影响，专业运动队在该时期初期无法正常工作，各级各类学校的竞技体育也陷于沉寂之中。此时军队和厂矿的竞技体育比较活跃，既丰富了人民群众的业余文化生活，也为竞技体育的发展保留了人才。②青少年体育人才培养初见成效。沈阳体育学院、辽宁体工队、沈阳军区体工队等体育教育、训练单位纷纷举办各类培训班（队），承担了青少年竞技体育人才的培训工作，解决了竞技体育人才"青黄不接"的问题。③传统项目巩固优势，崛起项目崭露头角。球类项目继续保持并扩大优势，田径、体操、武术、射击等继续巩固优势，乒乓球、羽毛球等新崛起项目崭露头角。辽宁乒乓球队队员在第28届世界乒乓球锦标赛中获得女子单打和女子双打第3名，在第32届锦标赛中获得混合双打冠军。辽宁羽毛球选手在1977年世界羽毛球锦标赛上获得男子单打冠军。总之，这一阶段辽宁省竞技体育在曲折中艰难前进，开始摆脱极左政治路线的制约，逐步复苏，向健康的方向发展。从横向比较来看，在第3届全国运动会上，吉林省位居全国第5名，黑龙江省位居全国第6名，因此从区域角度来看，这一时期辽宁省竞技体育并不占优势。但从取得的成绩来看，由于辽宁省竞技体育工作者的努力奋斗，已经为辽宁省竞技体育"体育强省"地位的形成准备了良好的前提。

4.第四阶段：攀上高峰阶段（1979—1993）

粉碎"四人帮"以后，中国各项事业都逐渐步入正常发展的良性轨道。1978年底，党的十一届三中全会确立了以经济建设为中心的新时期战略方针，把全党工作重点转移到社会主义现代化建设上来，开启了社会主义建设的新篇章。在三十年积累的基础上，辽宁省竞技体育以改革开放为推动力，在制度建设、队伍管理、竞训改革、人才培养等方面都取得了大幅度的进步。1979年第4届全国运动会上，取得28金、28银、16铜的优秀成绩，位列全国第7名。但这届全国运动会的各项奖牌数已经比前三届的总和还多了。1983年第5届全国运动会上，取得22金、18银、21铜的优异成绩，位列全国第3名，首次进入全国前列。1987年第6届全国运动会上，以32.5金、30银、19铜的优异成绩，继续位列全国第3名。1993年第7届全国运动会上，凭借44金、48银、44铜的卓越战绩，毫无争议地成为中国体坛的"巨无霸"，标志着辽宁省竞技体育鼎盛期的到来，也标志着辽宁省竞技体育"体育强省"地位的形成。特别要指出的是，由于种种原因的影响和桎梏，中国竞技体育前三十年无法真正走出国门，处于"闭关锁国"的状态。1978年以后，中国重返国际奥运体坛，先后参加了三届奥运会。在1984年洛杉矶奥运会上，辽宁籍运动员姚景远夺得男子举重67.5kg级冠军、李玉伟夺得男子射击移动靶冠军、姜英夺得女排冠军（集体项目，为老女排"五连冠"立下汗马功劳）。占中国15枚金牌的五分之一，显示出辽宁省竞技体育已经具有走向世界的实力。在1992年巴塞罗那奥运会上，陈跃玲获得女子10km竞走冠军、庄晓岩获得女子柔道72kg以上级冠军、王义夫获得男子射击气手枪冠军，仍然保持强劲势头。辽宁男子足球队称霸国内足坛十年，并在1989年获得第9届亚洲足球俱乐部杯赛冠军。至此，辽宁省竞技体育的"体育强省"地位已经无可非议，也就此被称为"辽老大"。这一时期辽宁省竞技体育的特点：①均衡发展，形成集团优势。足、篮、排三大球雄风不减，田径、体操、武术、射击、乒乓球、羽毛球等稳步上升，游泳、柔道、举重、赛艇等项目后来居上。以游泳为例，辽宁游泳队1993年5月出战亚运会，夺得了3个第1名、2个第2名；12月辽宁游泳队5人随国家队出征首届世界短池游泳锦标赛，获3项个人冠军、3项接力冠军，均创造了这些项目的世界纪录。②重点项目突飞猛进。这一时期田径是辽宁省竞技体育的"重头戏"，政府予以了大力扶持。中国第一个田径世界冠军徐永久，中国第一个奥运会田径冠军陈跃玲，中国奥运会长跑项目的第一个冠军王军霞，都出现在这个时期。"马家军"是辽宁田径的代表。在第7届全国运动会上，"马家军"包揽女子800m到马拉松的全部冠军，独得金牌13枚。1993年8月，"马家军"参加第4届世界田径锦标赛，在3000m比赛中包揽前三名，夺得1500m和10000m的金牌。10月马家军又参加了世界马拉松赛，获得团体冠军，并包揽个人前四名。世界田坛为之震惊。王军霞获得1993年第14届杰西·欧文斯奖。③改革先行，竞训管理模式居全国领先位置。20世纪80年代中期，辽宁省运动技术学院开始进行教练员负责制、运动员奖励机制等制度层面的改革，强化了目标管理体制，明确了责、权、利，使一大批优秀体育人才脱颖而出。王魁、鲁永明、马俊仁、刘永福等著名教练员大展宏图，徐永久、王军霞、庄晓岩等著名运动员大显身手。另外，辽宁足球队已经开始尝试企业与运动队联办的方式，初步引进了市场经济机制。改革开放给辽宁省竞技体育带来了繁荣局面，使辽宁省竞技体育优势地位更加稳固。这一阶段存在的问题，是辽宁省竞技体育并未从管理体制、运行机制等要素上实现根本性转变，过于依赖政府政策倾斜支持、地方经济扶持等，运动队思想政治工作等精神激励机制有所弱化，不利于辽宁省竞技体育优势地位的保持。

二、辽宁省"体育强省"地位的发展（1994—　　）

1. 第一阶段：人才外流，实力下降趋势隐现（1994—2001）

登上中国竞技体育的历史制高点之后，如何保持旺盛的发展势头、巩固领先地位，成为辽宁省竞技体育的首要任务。1992年邓小平同志赴南方视察，发表了关于社会主义市场经济的重要讲话。同年10月，党的十四大胜利召开，确定了建立社会主义市场经济体制的战略决策。在改革开放过程中先行一步的南方沿海省份，取得了飞速发展，竞技体育实力也不断增强，对辽宁省竞技体育领先地位形成赶超之势，给予辽宁省竞技体育以很大的压力。与此同时，辽宁老工业基地建设由于种种原因的制衡，发展速度减缓，局部地区甚至出现经济严重滑坡的窘况，在经济上无法给予辽宁省竞技体育强大的支持。而依然沉浸在喜悦之中的辽宁省竞技体育管理部门和从业者，对悄然而至的历史巨变缺乏敏锐的洞察力和必要的思想准备。一些竞训单位领导和教练员出现故步自封的现象，缺乏接受新事物、新思想的胆略和气魄。人才培养更新换代的动力不足，运动队伍动荡不安。最典型的事例，是"马家军"如流星般盛极而衰、辽宁男子足球队由甲级联赛掉入乙级联赛。该时期人才流失严重。仅从1998年到2001年，共有13个大项的75名教练员流入外省。运动员流失的情况则更为严重，在全国运动会上出现代表外省的辽宁人与代表本省的辽宁人激烈竞争的情况。辽宁省竞技体育赖以生存发展的"三级训练网"规模缩减，运动员和教练员数量、质量均不足，部分项目已经出现选材面极为狭窄的窘境。1997年第8届全国运动会上，辽宁以39.5金、43.5银、29.5铜的成绩位列全国第2名，没有实现蝉联第一的目标。2001年第9届全国运动会上，辽宁再以41金、31.5银、28.5铜的成绩排在第2名。从这两届全国运动会的成绩可以看出，辽宁省竞技体育没有适应市场经济出现后所带来一系列问题，如竞赛制度、人才流失和激励机制问题等。从全国来看，辽宁省竞技体育虽雄风犹在，但优势地位已今非昔比。虽然出现了动荡趋势，甚至个别项目明显下滑，但辽宁省竞技体育依靠雄厚的基础，继续在奥运会上大显身手。1996年亚特兰大奥运会时，孙福明获得女子柔道72kg以上级冠军、王军霞获得女子5000m跑冠军。2000年悉尼奥运会上，王楠获得乒乓球女子单打冠军和双打冠军、丁美媛获得女子举重75kg以上级冠军、袁华获得女子柔道78kg以上级冠军、王丽萍获得女子20km竞走冠军，占中国代表团28枚金牌的近四分之一，表明了辽宁省竞技体育优势依然存在。但人才流失的现象也日渐严重，为第十届全国运动会辽宁省竞技体育的"低谷"埋下了隐患。这一时期辽宁省竞技体育的主要特点：①改革开放的步伐减缓，竞技体育的发展遇到了"瓶颈期"。由于辽宁省竞技体育改革开放的持续动力不足、思想更新不及时，因此面对市场经济体制的冲击显得无力应对。如何在社会主义市场经济体制的宏观背景下构建竞技体育发展的新模式、新机制，如何实现竞技体育的市场化、产业化和可持续化，是全国体育工作者必须面对和回答的严峻课题。应该说辽宁省竞技体育交出的答卷是无法令人满意的，始终没有有效地解决体育管理体制、机制适时转型的关键问题，缺乏与社会主义市场经济体制相适应的行之有效的竞训模式。②经济因素对竞技体育的制约凸显。由于国家大力发展沿海地区的经济，辽宁乃至于整个东北老工业基地的经济处于缓慢发展的状况，已经位居全国中游，无法像广东、上海、山东等沿海发达省市一样给予本地区竞技体育以巨大的物力、财力支持，致使经费投入有限，是造成辽宁省竞技体育人才外流的一个主要原因，从客观上制约了辽宁省竞技体育优势地位的巩固和提升。这一时期具有代表性的明星队员转入其他省份的情况包括：乒乓球运动员马琳1997年代表广东获得全国运动会冠军、游泳运动员刘子歌2002年从沈阳队转入上海队、赛艇运动员金紫薇2000年到了江西省……③部分优势项目下滑趋势明显，且短期内无法回升。田径、游泳、球类等均不复昔日荣耀，纷纷由"第一集团"退至"第二集团"，个别项目已经没有复苏的基础。例如辽宁男篮的成绩下滑：1988年、1989年、1991年、1992年蝉联全国联赛冠军；1996—1997、1997—1998、1998—1999CBA联赛亚军；1998年全国男篮俱乐部杯锦标赛季军；1999—2000滑落到CBA联赛第七名；2000—2001CBA联赛第五名。总之，这一阶段从几届全国运动会成绩看，辽宁省竞技体育仍然算是"体育强省"，但发展势头不尽如人意，出现了实力下降的隐患。尽管如此，辽宁省竞技体育的基础仍然存在，优势地位依然保持，各方面坚持不懈地进行市场化、产业化的尝试，保证了辽宁省竞技体育精神薪火相传，没有出现急速下滑的势头，体现了辽宁省竞技体育工作者不服输、不低头的韧性和崇高的精神境界。

2.第二阶段：从低谷中走出，再创辉煌（2002—　　）

由于前一阶段人才流失所带来的惯性影响，辽宁省竞技体育在此阶段初期（第一个全运期）尽管努力拼搏，但还是没能挽回低谷时期的到来。2002年7月，中共中央、国务院颁发《中共中央国务院关于进一步加强和改进新时期体育工作的意见》，明确规定了新时期发展体育事业的指导思想、工作方针和总体要求。2002年辽宁省共有65名运动员、10名教练员和1名官员共76人参加第14届亚运会。有27人在27个项目上获得31枚金牌，金牌总数列全国前茅。在国际重大比赛中，辽宁省选手张宁、张爽、马弋博、高丽华、王义夫、张喜燕、王霞等在羽毛球、曲棍球、射击、女子拳击等项目上，获得12个世界冠军。2003年9月10日，国务院常务会议研究实施东北地区等老工业基地振兴战略，提出了振兴东北的指导思想、原则、任务和政策措施。2005年第10届全国运动会上，辽宁以31金、35银、33铜的成绩位列全国第5名，跌入所谓的"低谷"，引起国内外关注。

辽宁省体育代表队在第10届全国运动会滑入所谓的"低谷"后，省委、省政府加大了竞技体育改革的力度。在体制改革的层面上，进行了积极的探索：①完善人才培养机制。针对竞技体育人才大量外流的情况，为留住人才和吸引人才，2008年省政府及时出台了《辽宁省引进优秀奥运项目竞技体育人才办法》，制定了《辽宁省竞技体育人才培养办法》，将竞技体育人才培养纳入了法制的轨道，为人才培养和使用提供了宽松的宏观环境。2008年8月，第29届奥运会和第13届残奥会在北京举行。以全面建设社会主义小康社会和贯彻落实科学发展观为出发点，辽宁省竞技体育工作者紧紧抓住这一难得的历史机遇，开始了新的征程。在保持传统优势、汲取成功经验的前提下，适时融入先进的发展理念、体制，有效地整合体育人力、物力、财力资源，使辽宁省竞技体育步入现代化发展的轨道，真正显示了可持续发展的制度因素和动力因子。2008年北京奥运会赛场上，辽宁运动健儿再创辉煌，杨秀丽获得女子柔道78kg级冠军，杜婧、于洋获得羽毛球女双冠军，张宁获得羽毛球女单冠军，王楠、郭跃获得乒乓球女团冠军，王娇获得女子自由式摔跤72kg级冠军……以8.5枚金牌的骄人战绩位列全国第1名，金牌总数、奖牌总数和参赛人数均列全国第1名，再次证明了体育大省的雄厚实力。2009年，竞技体育经过优化项目布局，完善激励机制，强化作风建设，加强训练和管理等项工作，经过广大运动员、教练员的刻苦训练、努力拼搏，在2009年10月举行的第11届全国运动会上，辽宁选手参加了29个大项、243个小项的角逐，以48金、45银、34铜的成绩位居金牌榜第3名，实现了预期目标，仍居全国前列。同年，乒乓球、羽毛球、赛艇、柔道、摔跤、举重等项目在各级比赛中获得了好成绩，全年共有4人7次获得7项世界冠军，228人98次获77项全国冠军，2

人4次超3项世界纪录，2人4次创2项全国纪录。2010年16届亚运会上，辽宁有109名运动员参赛，共获得43枚金牌、65枚奖牌，获金牌总数、奖牌总数全国的第三的好成绩，金牌数、奖牌数、参赛人数、参加项目，全面超过历届亚运会，辽宁省体育局被国家体育总局授予"第十六届亚运会贡献奖"。2011年，辽宁足球、女子篮球、女子乒乓球、女子重剑、女子摔跤、男子体操、女子羽毛球等项目在国内外比赛中取得了突出成绩：高台滑雪运动员徐梦桃在第12届冬运会上，夺得了第1枚全国运动会金牌。其他如田径、游泳、激流回旋、男子皮艇、男子摔跤、举重等一些项目也取得了优异成绩和新的突破。全年辽宁选手在国内外重大比赛中，有10人16项获得了24个世界冠军，12人9项获得9个亚洲冠军，156人91项获得111个全国冠军，1人3项4次打破世界纪录。2012年伦敦奥运会上，辽宁共有41名运动员随中国体育代表团出战伦敦奥运会，他们共参加了乒乓球、羽毛球、体操、赛艇、田径、篮球、排球等15个大项及34个小项的角逐。若按人数统计，辽宁获得5枚金牌、2枚银牌、2枚铜牌，共9枚奖牌，以及5个第4名、9个第5名、9个第6名和1个第8名，完成了"获金牌数、奖牌数名列全国各省区市前茅"的征战目标。2013年9月举行的第12届全国运动会上，辽宁选手参加了31个大项、40个分项、350个小项，以56金、49.5银、39.5铜的成绩位居第2名。该阶段辽宁省竞技体育发展的特点：①继续深化竞训体制改革。通过实行聘任制和主教练负责制，打破了教练员终身制。将有市场需求的项目实行职业化，寻求竞技体育新的发展道路。围绕改革做文章，是辽宁省竞技体育优势地位保持的有效途径。尽管改革会带来一定的风险，有时甚至要付出惨痛的代价，但决不能因噎废食，要通过改革解决存在的问题，闯出一条新路。②优势项目和潜在优势项目构成体系。围绕奥运争光计划打造竞技体育核心竞争力，使得田径、女子柔道、女子摔跤、拳击、乒乓球、皮划艇等优势项目和艺术体操、女子曲棍球、女排等潜优势项目均得到一定的发展，初步构成比较合理的体系。在每个优势项目的建设上，注意营造集团优势，如女子柔道、女子举重等，能够保证长盛不衰。③贯彻落实科学发展观，注重对人才的科学使用、管理和安置。以人为本是科学发展观的核心，相当长的时期里，有关部门对教练员、运动员等竞技体育人才的关心爱护不够，尤其没有从制度层面上给予落实，一定程度上挫伤了他们的积极性。随着伤病治疗、文化教育、保险、福利、激励、奖励、退役安置等制度和机制的逐步完善，已经形成尊重竞技体育人才合法权益的良好氛围，稳定了运动队伍。

第二节　辽宁省竞技体育的发展对我国竞技体育格局的历史性影响

一、与时俱进的"举省体制"为"举国体制"提供了强大的助推力

所谓"举省体制"，是指我国各省市自治区按照"举国体制"的部署和要求，赋予竞技体育发展更多的地域特点，使"举国体制"更加细化、深化和强化，最终形成的一系列管理体制的总称。从1949年至今，历届辽宁省委、省政府，十四个城市的历届市委、市政府，以及各区县党政领导机关，都极为重视竞技体育事业的发展，不仅建立了"区县体校—市体校—省体校"一条龙的训练体制、"县区体育局—市体育局—省体育局"的管理体制，而且建立了卓有成效的后备人才培养体制、后勤补充体制和科学支撑体制，为竞技体育提供了源源不断的人、财、物资源。1959年至1961年三年困难时期，我国处于全国性的饥荒状态，人民的生活受到严重影响。即使在如此严峻的时刻，辽宁省委、省政府仍然最大限度保证了教练员、运动员等竞技体育工作者的食品供应。改革开放后，尤其是在十运会滑入所谓的"低谷"后，省委、省政府加大了竞技体育改革的力度。在体制改革的层面上，进行了积极的探索：①完善人才培养机制。针对竞技体育人才大量外流的情况，为留住人才和吸引人才，2008年省政府及时出台了《辽宁省引进优秀奥运项目竞技体育人才办法》，制定了《辽宁省竞技体育人才培养办法》，将竞技体育人才培养纳入了法制的轨道，为人才

培养和使用提供了宽松的宏观环境。②健全福利保障机制。改革开放后，竞技体育的主力军——运动员面临再就业的严峻课题。为解决运动员的后顾之忧，根据市场经济的现状，参考国家的有关政策，省政府及时出台了《辽宁省退役运动员自主择业经济补偿办法》，拓宽了退役运动员的就业渠道。截至2008年，已有654名退役运动员选择了自主择业，领取经济补偿3354万元。尽管经济情况并不乐观，省政府仍然想方设法筹措资金，先后投入120万元为运动员办理奖学金、助学金、老运动员、教练员"关怀基金"，并逐年加大投入，温暖了运动员，产生了一定的凝聚力和向心力。在辽宁训练、比赛、产业开发、人才培养等方面，制度、机制的改革同样取得优异的成绩，产生了深远的现实与历史影响。

二、创新的竞训模式为全国竞技体育改革开放的深化提供了参考

在不断坚持"举国体制"和完善"举省体制"的同时，辽宁省竞技体育工作者始终没有停止探索和改革的步伐。在计划经济时代，辽宁最先学习和消化"三从一大"的训练原则，创建了行之有效的竞训模式，使辽宁省竞技体育呈现上一个项目就能见到成效的效果。改革开放以后，辽宁省竞技体育率先摆脱极左路线和思想的束缚，为天下先，敢闯"禁区""雷区"，实行了教练员聘任制、主教练负责制，优胜劣汰，使优秀人才得以脱颖而出；辽宁男子足球队最先进入市场，首先尝试了与企业联办的模式，继而完成了股份制和俱乐部制改革；运动员激励机制也不断完善，保证了运动员的个人权益，调动了他们的积极性、创造性。以辽宁女子柔道队为例，坚持主教练负责制近二十年，为国家培养了庄晓岩、孙福明、袁华、杨秀丽等奥运冠军。辽宁后备人才培养也走在全国前列，截至2013年，全省已建立市级体育学校12所、体育传统学校2085所和53个省级高水平后备人才培养基地，拥有比较完善的三级训练网，体育后备人才的培养已经制度化。由于辽宁经济不景气宏观背景的影响，竞技体育市场化、产业化的改革之路并不平坦，甚至产生过负面影响，但总体看辽宁竞训模式的改革是成功的，取得了优异的成绩。其他兄弟省市，特别是经济发达省份（如广东、江苏、山东等），从辽宁汲取了丰富的经验，创建了符合

自己地域实际的竞技体育竞训、管理模式，同样取得了不俗的成就。国家体育总局对辽宁竞训模式也给予很高的评价，认为辽宁竞训模式改革推动了中国竞技体育的发展，应该说这样的评价是客观和正确的。

三、与群众体育、学校体育形成良性互动，构建了浓郁的体育文化环境

辽宁省竞技体育从来不是孤立发展的，而是与群众体育、学校体育并驾齐驱，互相补充，互相支援，互相促进。辽宁人民热爱体育，体育人口、体育家庭、体育观众（主要指球迷）等数量均居全国前列，体育观念、体育习俗等同样领风气之先。沈阳、大连、丹东、阜新等城市的冬泳活动几十年如一日，参加者既有少年儿童，又有老人妇女，最长者为82岁；既有工人农民，又有干部教师；沈阳市冬泳协会成立于1995年，截至2009年已经拥有注册会员873人，长年活动在北陵公园、五里河公园、棋盘山秀湖水库等地，强壮了体魄，抵御了疾病，磨练了意志。各市充分发挥地域、人才优势，创建了极具区域特色的群众体育："篮球城"阜新、"足球城"大连、"乒乓球城"抚顺、"羽毛球城"丹东、"自行车城"本溪闻名遐迩，"柔道之乡"铁岭、"田径之乡"鞍山、"皮划艇之乡"营口、"柔道、摔跤之乡"朝阳名副其实，省会沈阳则是项目最多、实力最强的中心枢纽城市。学校体育同样自成体系，小学、中学、大学竞训活动频繁，形成良好的体育氛围。东北大学男子篮球队多次进入全国大学生篮球赛（CUBA）八强，沈阳体育学院培养出韩晓鹏、刘忠庆、贾宗洋、齐广璞、徐囡囡、李妮、徐梦桃等雪坛名将。群众体育和学校体育为竞技体育营造了发展环境、输送了人才；竞技体育反哺群众体育和学校体育，为后两者提供了指导和帮助。正是由于竞技体育、群众体育和学校体育"三驾马车"的有机结合，最终形成了先进的体育文化，使辽宁省竞技体育能够不断汲取丰富而先进的理论、科学、文化、民俗营养，保持了可持续发展的良好势头。

四、竞技体育史上涌现出一大批体育人才，赢得了无数荣誉

在辽宁省竞技体育优势地位的形成与发展中，培养和造就了一个完整

的教练员、运动员方阵，尤其是缔造了许多杰出的竞技体育人才，产生了辉煌灿烂的"明星效应"；几代人的艰苦奋斗，尤其是具有全国影响的体育明星，又推动辽宁省竞技体育不断进步。田径的邹振先、王魁、马俊仁、陈跃玲、王军霞、王丽萍、徐永久，游泳的鲁永明、韩冰岩、陈妍、戴国宏、战殊，体操的李月久，足球的王寿先、王政文、王礼宾、郭鸿滨、倪继德、李应发、杨玉敏、马林、唐尧东、肇俊哲、李金羽、韩端、马晓旭、毕妍，篮球的蒋兴权、柳继增、吴庆龙、郭士强、王芳、陈晓丽、马增玉、张瑜、张伟、杨半伴，排球的岳金库、姜英、赖亚文、杨昊、刘亚男、王一梅、隋盛胜，乒乓球的朱香云、谷振江、王楠、郭跃，羽毛球的韩健、陈昌杰、李永波、张宁、杜婧、于洋，射击的王义夫、李玉伟、高娥，举重的刘殿武、姚景远、丁美媛，柔道的刘永福、庄晓岩、李忠云、冷春惠、孙福明、袁华，赛艇的唐宾、田靓，摔跤的王娇，射箭的郭丹，曲棍球的马弋博、高丽华，都是在国内外享有一定声誉的优秀教练员、运动员。他们是辽宁省竞技体育工作者的杰出代表，其中邹振先、马俊仁、王军霞、王楠、刘永福、王义夫等更是具有里程碑意义的体坛人物，对于中国乃至世界体育都具有重要的影响。辽宁体坛"明星"不但彰显了辽宁省竞技体育的强大实力，而且为中国竞技体育赢得了无上的荣誉。

　　通过六十余年的不懈努力，辽宁省竞技体育的优势地位已经形成，目前已进入成熟期，并取得了辉煌的成就，共获得34个奥运冠军、402个世锦赛和世界杯冠军、342个全国运动会冠军，为中国体育事业做出了突出贡献。尤为可贵的是，辽宁省竞技体育在竞赛、训练、科研、管理、保障等方面均为我国体育事业的发展提供了宝贵的经验，在体育改革大潮中创建了卓有成效的模式、体系，成为举国公认的体育大省，并朝着体育强省的奋斗目标迈进。乘改革开放的东风，借优势地位造就的实力，辽宁人民一定能够在成功举办第12届全国运动会的基础上，为中国体育事业做出更大的贡献。

参考文献

[1] 安雅然,邹师,石林.辽宁省竞技体育特色及可持续发展研究[J].沈阳体育学院学报,2004(1):73-75.

[2] 李宗浩,肖林鹏,姜达维.2010年我国竞技体育发展战略研究[J].天津体育学院学报,2004(3):6-9.

[3] 卢福玲,白景锋.我国竞技体育发展的时空分异及影响因素[J].许昌学院学报,2005(5):69-72.

[4] 郭艳娇,王大超.体育产业的发展与辽宁奥运冠军产生的互动效应[J].辽宁经济,2005(7):24,25.

[5] 刘颖,牟向东,邹本旭,等.辽宁省竞技体育优势项目的历史演变及特点研究[J].广州体育学院学报,2006(5):26-29.

[6] 秦海霞.辽宁省竞技体育人才外流的社会影响[J].理论界,2006(5):96,97.

[7] 金珂屹.中国竞技体育发展的影响因素分析[J].辽宁师专学报,2007(2):55-58.

[8] 潘书波.我国重工业竞技体育可持续发展的人力资源调控与探究[J].北京体育大学学报,2007(4):575-577.

[9] 范英.我国竞技体育在北京奥运会上竞争力研究[J].成都体育学院学报,2008(4):2.

[10] 卢文云,唐炎,熊晓正.建国初期我国竞技体育发展模式的历史回眸[J].西安体育学院学报,2007(4):9-12.

[11] 张自如.我国竞技体育发展的路径依赖与制度创新[J].体育与科学,2008(1):29-32.

[12] 郑锦惠,郭长寿,李莘.辽宁省竞技体育优势地位形成与发展的历史分期及特点研究[J].沈阳体育学院学报,2010,29(4):25-30.

[13] 袁伟民.中国体育年鉴[M].中国体育年鉴社,1994-2005.

第二章
辽宁省竞技体育优势项目
优秀运动员成才规律

第一节　竞技体育优势项目中
优秀运动员成长研究综述

21世纪世界各国之间的竞争，实质是人才的竞争。马克思主义认为，人才是生产力中最活跃、最有价值的因素，是世界上最宝贵的、最有决定意义的资本。当今世界体坛竞争加剧，其核心是优秀人才竞争，不但是数量上的竞争，更重要的是质量上的竞争。优秀运动员的培养一直是各国竞技体育发展的一项重要工作。党的十一届三中全会以来，我国的体育事业蓬勃发展，取得了举世瞩目的成就。这些都是与人才的不断涌现分不开的。体育人才是促进一个国家体育事业发展的重要因素和骨干力量。

关于优秀运动员成才规律研究，已有诸多的相关文献资料。其研究方向主要集中于个别项目的调查分析和经验总结方面，分别从多个角度分析了各自项目运动员的成才途径和影响因素，更有许多优秀教练员根据自己的实践经验发表了各自的观点。但是，有关优秀运动员的成长史系统研究资料并不多，尤其是对于某一地区优秀运动员成才的规律调查分析更是未见相关研究。崔鲁祥研究了姚明和王治郅的成长过程，认为姚明和王治郅篮球启蒙训练年龄较早，基础训练持续时间较长，没有过早进行专门中锋位置技术训练，有利于掌握全面的技术，其奥运成才期符合世界优秀运动员成才周期。少儿时期的比赛对姚明和王治郅成才的影响不十分显著，青年阶段的比赛机会，尤其是国际比赛机会的增多，促使其技战术水平快速提高。戴美芝等通过对我国优秀的跳远和三级跳远运动员成才规律及影响因素的分析，认为运动员的自身条件和教练员水平是保证和影响运动员顺利成才的主要因素，改善训练外部条件和建立合理的竞赛制度是促进运动员顺利成才的外部保障条件。何江海对中国游泳男子运动员成才规律进行研究认为,造成中国游泳落后的原因是对少年儿童过早实施成人化训练,在训练各个阶段由于运动员流失过大,从而导致成才率偏低。丁英俊等对我国1979年开始到1999年20年间评选出的112人、200人次的十佳运动员的年龄特征、项目分布、省市自治区分布、十佳运动员的自身特征、运动员成才背景等几个方面进行系统分析、比较,找出各项目、各省市自治区之间的异同,恰当定位,并对其进一步发展提出建议。

综上可见,优秀运动员成长过程中存在着一定的潜在规律,这些规律基本可以分为内因和外因两大方面。辽宁省是我国的体育大省,多年来为我国竞技体育输送了大量优秀人才,为我国竞技体育的发展做出了巨大贡献。辽宁省竞技体育优势项目较多,如田径、举重、游泳、乒乓球等项目,研究这些项目优秀运动员的成才规律,总结成功经验,能够为辽宁省优秀后备人才的培养提供理论依据和实例借鉴,同时也为辽宁省优秀运动员档案的建立提供建设性的参考。

第二节　辽宁省竞技体育优势项目发展演变历程的研究

一、竞技体育优势项目的确定

所谓优势竞技项目是指在重大国际比赛中多次取得优异成绩,并在未来竞争中具备有利条件的运动项目。因此,我们认为,在国内重大比赛中,多次取得优异成绩,并在未来竞争中具备有利条件的运动项目就是一个省的优势项目。全国运动会上夺得金牌及奖牌数量的多少,某种程度上取决于优势项目的优势程度。根据辽宁省的社会及经济发展状况,将辽宁省竞技体育的发展分为四个阶段,为了能对辽宁省竞技体育的优势竞技项目进行统一和客观的界定,引入经济学中评价系统态势的方法——帕累托分析法对此进行界定。即每一阶段举办的全国运动会中获取奖牌数量占其累积百分比大于70%的运动项目就是辽宁省这一时期的优势运动项目,见表2-1、表2-2。

对辽宁省竞技体育发展各阶段的运动项目运用帕累托分析法进行分析,结果显示,在辽宁省竞技体育发展过程中优势项目有田径、柔道、游泳、自行车、赛艇、举重、射击、乒乓球、击剑、皮划艇,共10个项目。柔道、皮划艇、赛艇三个项目属于逐渐发展起来的优势项目,其余7个项目均是辽宁省竞技体育的传统优势项目,也一直是辽宁省争夺奖牌的稳定项目。

表2-1 辽宁省竞技体育优势项目全国运动会奖牌情况统计表

全国运动会	田径	柔道	皮划艇	击剑	赛艇	射击	举重	自行车	游泳	乒乓球
第1届	1/5/5	0/0/0	0/0/0	0/0/1	0/0/0	1/3/5	0/0/0	0/0/0	0/0/0	0/0/0
第2届	1/5/4	0/0/0	0/0/0	0/0/0	0/0/0	5/3/1	0/0/0	0/0/0	0/0/0	0/0/0
第3届	4/5/5	0/0/0	0/0/0	1/0/2	0/0/0	2/1/0	1/1/0	0/1/1	0/1/1	3/0/1
第4届	5/1/1	0/0/0	0/0/0	0/0/1	0/0/0	3/2/1	1/1/0	0/2/0	0/1/1	2/0/1
第5届	5/7/9	2/1/1	0/0/0	1/1/0	0/0/0	7/2/7	1/0/1	2/0/2	0/0/0	0/0/0
第6届	4/4/4	4/1/1	0/0/0	0/0/0	0/2/3	1/4/1	4/1/0	1/0/1	1/3/0	0/0/0
第7届	13/10/12	4/5/2	2/0/3	0/0/0	0/0/0	4/3/3	3/3/2	3/3/2	6/10/4	0/0/1
第8届	6/9/4	5/5/2	3/2/0	2/0/1	1/3/1	1/4/3	3/2/1	5/5/1	4/3/2	0/0/2
第9届	9/3/5	7/0/1	2/1/0	2/0/1	2/1/4	1/3/3	3/0/3	3/3/2	4/5/2	2/0/1
第10届	2/7/2	3/4/8	2/1/0	0/3/0	2/1/0	2/3/3	3/3/1	2/1/2	1/4/3	2/1/2
第11届	4/5/5	2/2/3	1/0/0	1/2/3	2/2/1	2/2/1	0/1/0	3/2/0	1/3/0	1/2/2
第12届	3/6/9	4/2/6	3/1/2	3/3/0	4/4/1	0/2/1	0/0/1	2/1/1	0/5/3	0/15/1

注:奖牌顺序为:金/银/铜。

表2-2 辽宁省竞技体育发展各阶段的优势项目

阶段	全国运动会	优势项目
第一阶段（1949—1965）	第1、2届	田径、射击
第二阶段（1966—1976）	第3届	田径、乒乓球、射击、举重、击剑、自行车
第三阶段（1977—1998）	第4~8届	田径、柔道、游泳、自行车、举重、射击、击剑、皮划艇
第四阶段（1999—现在）	第9~12届	田径、柔道、游泳、自行车、举重、射击、击剑、皮划艇、赛艇、乒乓球

从表2-2还可以看出，辽宁省各届全国运动会取得优异成绩的优势项目主要集中于体能主导类项目，如田径、游泳、自行车、举重、皮划艇、赛艇6个项目。技能主导类项目较少，只有三个项目，分别为柔道、乒乓球、射击。说明辽宁省竞技体育优势项目以体能主导类项目为主。

二、竞技体育优势项目发展演变历程

我国的竞技体育主要是新中国成立以后逐渐发展起来的，为了摆脱"东亚病夫"的帽子，国家领导人非常重视体育运动的开展，1959年举办了第1届全国运动会，从此，我国的竞技体育逐渐由弱到强，我国现在已经是世界体育大国和强国，而其中辽宁省的作用是举足轻重的。随着国家社会、经济的发展，以及借鉴辽宁省竞技体育事业的发展历程，本书将辽宁省竞技体育优势项目的发展确定为四个阶段。第一阶段：辽宁省竞技体育恢复、普及与发展时期竞技体育优势项目的发展（1949—1965）；第二阶段："文化大革命"时期辽宁省竞技体育优势项目的发展（1966—1976）；第三阶段：改革开放和发展社会主义市场经济时期辽宁省竞技体育优势项目的发展（1977—1998）；第四阶段：辽宁省竞技体育优势项目发展面临挑战的阶段（1999—现在）。

1.辽宁省竞技体育恢复、普及与发展时期（1949—1965）

1949—1965年，随着中华人民共和国的建立，国民经济恢复和发展，辽宁体育也伴随着辽宁省经济建设恢复，逐渐发展。期间，辽宁兴办了各项体育事业，大力开展群众体育活动，开展各种体育项目的业余训练，培养出许多优秀人才，为辽宁体育走向全国、走向世界奠定了坚实的基础。这一阶段辽宁省竞技体育处于全国的中下水平，足球、篮球、排球、田径和射击项目发展较快，和其他项目相比具有较强的优势。辽宁男足是辽宁省竞技体育中影响最大的项目，新中国第一支国家队就有多名辽宁运动员。这个时期，辽宁的乒乓球、体操、摔跤、拳击、武术等项目的水平在全国也居于前列。辽宁地处辽东半岛，经济比较发达，城市人口多，为辽宁体育提供了物质基础。辽宁人民热爱体育，地方党委、政府重视体育，使辽宁群众体育活动十分活跃，竞技体育水平不断提高，为以后的发展奠定了坚实的基础。这一阶段，中国人民政治协商会议第1届全体会议通过的《中国人民政治协商会议共同纲领》中提出的"提倡国民体育"方针，特别是毛泽东同志关于"发展体育运动，增强人民体质"的题词，为新中国体育指明了进一步发展的方向，从此在党和各级政府的领导下，辽宁的竞技体育得到了快速发展，竞技体育优势项目形成了稳定发展的态势。例如：球类项目中以辽宁足球项目的表现最为突出。在1951年9月举办的新中国第一次全国足球比赛中，辽宁足球队充分发挥"勇、快、长"的北方风格，以7战6胜1平的成绩，获得冠军；同时，辽宁田径项目和射击项目更显现出了优势地位。在1959年9月举办的第1届全国运动会上，辽宁田径项目获得了1金、5银、5铜，并打破男子4×400m接力和10000m两项全国纪录；射击项目获得了1金、3银、5铜的好成绩。第2届全国运动会上田径项目取得了1金、5银、4铜；射击获得了5金、3银、1铜的佳绩。田径和射击项目的优势项目地位得以确立。

2."文化大革命"时期（1966—1976）

1966年至1976年，"文化大革命"使辽宁体育受到严重破坏。大批体育工作者受到迫害，管理机构瘫痪，各项体育工作停顿。1968年辽宁省体育系统实行军事接管。"文化大革命"中，辽宁省竞技体育的训练和比赛一度停顿，直至20世纪70年代初开始恢复。田径、足球、篮球、排球、乒乓球、羽毛球、体操、武术、射击、游泳等运动项目的省专业运动队重新组建。这些队伍组建后，在国内重大比赛中取得了一些好的成绩。这一阶段，由于国民经济发展遇到暂时的困难，辽宁省竞技体育的发展步入了低潮，田径和体操等项目只保留了一些种子队员。"文化大革命"初期，辽宁省竞技体育总体上遭受重创，辽宁仅存的一些优势项目被迫停训。尽管如此，辽宁省竞技体育仍保持了一定的发展势头，如辽宁田径、女排、体操在这一时期都有不俗的表现。这一阶段的后期，由于国民经济的好转，辽宁省竞技体育开始进入恢复发展阶段。首先，球类项目得到迅速发展。如辽宁青年足球项目，在1972年9月举行的"文化大革命"以来的第一次全国足球分区竞赛中，以不败的战绩获得冠军。1975年，在第3届全国运动会的足球比赛中，又荣登榜首。辽宁乒乓球项目在这一阶段，获得9次世界冠军、15次全国冠军。辽宁羽毛球项目也开始崛起，辽宁运动员在1977年获得世界羽毛球锦标赛男子单打冠军。其次，田径项目也得到了较快发展。如邹振先在1976年10月以16.60m的成绩创造了三级跳远全国纪录。同时击剑、自行车、乒乓球等新兴优势项目开始引起人们的关注。这一时期我国举办了第3届全国运动会，辽宁省田径、射击仍然保持了较大优势：田径取得了4金、5银、5铜的好成绩，射击获得了2金、1银。几个新兴优势项目也有较好表现：击剑获得了1金、2铜；举重获得了1金、1银；自行车获得了1银、1铜；尤其是乒乓球，获得了3金、1铜的好成绩。

3.改革开放和发展社会主义市场经济时期（1977—1998）

1976年10月粉碎"四人帮"，到1978年12月中共十一届三中全会召开的两年中，辽宁体育战线和全省各条战线一起，进行了揭批"四人帮"，恢复健全全省体育管理机构，制定了全省发展体育事业的八年规划。1978年4月，中共辽宁省委批转了《省体育工作会议纪要》，要求各级党委加强对体育工作的领导，高速发展辽宁体育事业。从此，辽宁省的群众体育、竞技体育、体育教育、科研、宣传、对外交流、场馆建设都得到了较快发展。中共十一届三中全会以后，特别是1985年省委、省政府提出要把辽宁建成全国体育基地之一的要求，省体委在抓竞技体育工作中，深化改革，加速人才培养和运动队建设，在较短时间里，就使辽宁省竞技体育水平有长足的发展。射击、举重、柔道、田径等项目在世界赛场都占有绝对优势。首先，辽宁省竞技体育传统优势项目继续保持上升势头。如田径项目中，中国第一个奥运竞走冠军陈跃玲、第一个奥运长跑冠军王军霞，均出自辽宁省竞技体育优势项目的运动员队伍。射击项目的50m移动靶标准项目获洛杉矶奥运会金牌。其次，新兴优势项目各领风骚。尤其是游泳项目开始全面崛起，曾获得多项全国及世界冠军，达到世界先进水平。先后涌现了吕彬、戴国宏、王怡武、陈妍等名将。第7届全国运动会上田径队的"马家军"包揽了女子从800m至马拉松的全部冠军，独得金牌20枚（按规程破13次世界纪录加13枚）。射击队的佟德伟、许洪涛不畏强手，超水平发挥夺得金牌，射击队获团体冠军。以老将郭龙臣为首的男子自行车队克服重重困难，奋勇拼搏，勇夺3枚金牌。女子柔道夺得5枚金牌（按规程在第25届奥运会上所获金牌带入全国运动会成绩）。女子举重、赛艇各获3枚金牌。拳击、皮划艇各获2枚金牌。蹼泳、男子柔道、男子举重、击剑、自由式摔跤、男足、女排、滑水各1枚金牌。1997年第8届全国运动会上，16岁的陈妍一人两次打破世界纪录，夺得6枚游泳金牌。在1998年澳大利亚举行的世界游泳锦标赛上，她又获得2枚游泳金牌，为中国的游泳事业争得了荣誉。可以说，这一阶段，辽宁省竞技体育优势项目获得的世界冠军之多、项目分布之广均居全国前列。辽宁女子中长跑是中国体育20世纪90年代的新闻热点。1989年至1992年，在第2届、第3届、第4届全国青年田径锦标赛上，这支队伍获得了10枚金牌。1993年8月，在德国举行第4届世界田径锦标赛上，曲云霞、张林丽、张丽荣在300m的比赛中包揽了前三名；王军霞在女子10000m比赛中荣获冠军；刘东获得1500m冠军。这是我国田径中长跑运动员在世界重大比赛中第一次获得金牌，而且如此之多，在国内外产生很大的影响。当年9月，在第7届全国运动会上，这支队伍再创辉煌，多人多次打破女子中长跑世界纪录。其中，王军霞以29分31.78秒的成绩打破女子10000m世界纪录；曲云霞以3分5.46秒的成绩打破女子1500m世界纪录；王军霞和张林丽分别打破女子3000m世界纪录。马俊仁教练和王军霞等运动员们的成绩轰动了全世界，极大地鼓舞了中国人民的志气。王军霞被国际田联及英、美、德的多家电台评为"世界最佳""世界十佳"运动员。在1996年第26届奥运会上，王军霞是唯一参加女子5000m和10000m两项长跑比赛的运动员，获得了5000m金牌和10000m银牌,成为中国奥运史上荣获径赛项目金牌的第一人。在田径项目上,竞走是最早在国际比赛中取得重大突破的项目。1981年辽宁省就建立了女子竞走队。经过几年的努力,1985年9月徐永久获得第3届世界杯10km竞走比赛的金牌,同时,徐永久、阎红获得女子10km竞走团体赛冠军。这是中国径赛项目的首次世界重大比赛的金牌。1992年,陈跃玲在第25届奥运会上,获得女子10km竞走比赛的金牌。后来,辽宁竞走运动员高红苗、刘宏宇、赵永胜等多次获得世界冠军,并打破世界纪录。邹振先曾打破男子三级跳远亚洲纪录。

辽宁乒乓球运动员好手辈出,胡玉兰是辽宁第一个世界冠军,还有王会元、朱香云等世界冠军。1995年以来,辽宁女子乒乓球选手王楠先后取得了第12届、第13届世界杯女子单打冠军,第45届世界乒乓球锦标赛女子单打冠军。在国际乒联颁布的世界排名中,王楠很长时间高居第1位。柔道是这一阶段兴起的新的优势项目,女子选手李忠云、冷春慧、庄晓岩、孙福明等名将,多次获得世界冠军。射击是辽宁的传统优势项目,1984年,李玉伟获得第23届奥运会移动靶标准射速50m金牌。著名射击运动员王义夫是连续参加5届奥运会的运动员,先后取得奥运会、世界杯赛冠军。在射击项目上,辽宁还涌现出赵璧、金东翔、李玉伟、高娥等优秀运动员。女子举重队1986年成立以来,也取得了优异的成绩,多次在国际比赛和全国运动会上打破世界纪录,先后出现了李红玲、孙彩艳、花菊、丁美媛等一大批优秀运动员。

辽宁省竞技体育逐步走到国内前列,在国际比赛中,取得优异成绩,得益于辽宁良好的自然地理条件,辽宁人民强健的身体素质;得益于历届辽宁省委、省政府领导班子重视体育工作;得益于辽宁体育战线几代领导和职工从辽宁实际出发,制定和完善适合辽宁省竞技体育发展的规划和措施,并在实践中不断改革创新,重视基础建设,加强业余训练和后备人才培养,培养和造就了一大批优秀教练员和运动员,使辽宁省竞技体育长盛不衰。

4.辽宁省竞技体育优势项目发展面临挑战的阶段(1999—   )

这一阶段,随着市场经济的发展,面对具有强大经济实力的沿海省份的竞争，在计划经济条件下形成的辽宁省竞技体育优势项目的人才资源面临严峻的挑战。第7届全国运动会后，辽宁省竞技体育优势项目的运动员和教练员共有200多人先后流入外省。针对这种情况，为了控制人才外流，当时的辽宁省体育委员会制定了关于控制人才外流的有关规定，但收效甚微。据有关材料显示，自1998年前后，辽宁共有13个大项的75名教练员流入到外省市。到2005年第10届全国运动会时，代表其他省市参赛的辽宁籍运动员已多达626人。其中有30名运动员代表10个省市在12个大项25个小项的比赛中获得了25枚金牌。使辽宁从第5届全国运动会以来的金牌团体前3名下滑到第10届全国运动会的第5名。同时，辽宁三级训练网也受到了严重的冲击，辽宁100个县区级训练网的运动员已由1998年的18694人锐减到目前的5227人，总体规模减少了72%；教练员也由1998年的1009人锐减到目前的471人，总体规模减少了53%。可见，辽宁省竞技体育优势项目的发展受到了严峻的挑战。

第三节 辽宁省竞技体育优势项目运动员成才过程的基本情况调查

一、辽宁省竞技体育各优势项目运动员成才过程的时间特征

运动训练是一个多年的过程。运动员生理、心理机能发育的自然规律，以及在训练负荷影响下的生物适应状态发展变化的规律，决定了大多数优秀运动员完整的多年训练过程具有明显的年龄特征。为了使运动员的技能更快地提高，必须了解运动中年龄变化的规律。只有这样，才能对多年训练做出合理的规划，并及时地把运动员的训练引向高水平成绩的提高上来。了解优秀运动员的经历，尤其是他们最初从事运动到运动技能成熟从而取得运动成就这段历史，能够提供很有价值的信息。

从表2-3可以看出，自行车、赛艇、皮划艇、射击4个项目的运动员开始参加业余训练的年龄是最大的。男子平均15.8~16.4岁，女子平均14.8~16.2岁。第二是田径、举重、击剑、柔道4个项目，男子平均13.8~15岁，女子平均12.8~14.2岁。第三是游泳运动员，男子平均10.2岁，女子平均9.7岁。乒乓球运动员开始训练的年龄是最小的，男子平均7.3岁，女子平均6.1岁。进入国家队训练的运动员年龄趋势与业余训练一样，年龄最大的是自行车、赛艇、皮划艇、射击4个项目，男子21.7~22.3岁，女子20.1~21岁。第二是田径、举重、击剑、柔道4个项目，男子18.8~21.9岁，

表2-3 辽宁省竞技体育各优势项目成才阶段界点年龄　　（岁）

项目	业余训练 男	业余训练 女	地方队训练 男	地方队训练 女	国家队训练 男	国家队训练 女
田径	14.4±3.5	13.7±2.3	17.5±2.1	16.3±2.2	20.7±2.4	19.2±2.2
P	>0.05		<0.01		<0.05	
游泳	10.2±2.9	9.7±2.2	14.4±1.3	13.3±1.4	17.1±1.8	16.1±1.7
P	>0.05		<0.01		<0.05	
自行车	16.1±1.1	16.2±21	17.7±1.3	16.9±2.6	22.3±5.5	21.6±2.2
P	>0.05		<0.05		<0.01	
举重	14.2±2.2	13.9±1.8	16.8±1.7	15.7±1.5	19.6±1.4	18.5±1.6
P	>0.05		<0.05		<0.05	
赛艇	16.4±1.8	15.8±1.4	17.8±1.7	16.7±1.4	22.1±1.7	21.1±1.2
P	>0.05		<0.05		<0.01	
射击	16.3±3.2	15.2±1.9	17.9±3.2	16.9±1.4	21.7±3.6	20.5±2.2
P	<0.01		<0.01		<0.01	
皮划艇	15.8±2.3	14.4±1.3	18.8±2.1	17.6±2.3	21.8±1.7	20.7±1.5
P	>0.05		<0.01		<0.01	
柔道	13.8±1.3	12.8±1.5	15.2±1.4	14.1±2.1	18.8±1.4	17.8±1.5
P	<0.01		<0.01		<0.05	
击剑	15.0±1.6	14.2±2.7	17.7±1.8	16.9±1.1	21.9±2.2	21.1±2.9
P	<0.01		<0.05		<0.05	
乒乓球	7.3±1.3	6.1±1.4	13.5±1.6	12.3±1.4	16.3±1.4	15.4±2.3
P	<0.01		<0.01		<0.01	

P>0.05，差异性不显著；P<0.05，差异性显著。

女子17.8~20.2岁。第三是游泳运动员，男子平均17.1岁，女子平均16.1岁。乒乓球运动员进入国家队训练的年龄最小，男子16.3岁，女子15.4岁。表2-3还显示，除体能主导类项群男女选手进入业余体校年龄外，体能主导类和技能主导类两大项群选手成才过程各阶段界点年龄表现出了显著的差异。体能主导类项群男、女选手进入业余体校年龄没有显著差别可能是由于他们的竞技水平与其运动素质的发展状况密切相关所致。尽管女孩青春发育期要比男孩早2年，但1981年全国体质调查结果表明：各年龄段男女青少年身体素质指标始终是男强于女。即使在女孩青春发育期开始后两年，虽然男子刚刚开始进入发育期，其各项素质的发展的绝对水平仍高于女子。体能主导类项群对身体的机能、素质要求较高，只有当体能发展到一定水平时才能有效地参加训练，要避免过早进行训练。因而表现出男女青少年开始业余训练年龄无显著性差别的特点。当身体发育相对成熟后，能够适应大强度训练时，女子体能各项目运动员在各临界点上表现出年龄较男子年龄早的特点，差异显著。女子发育早的特征是出现这一结果的原因。技能主导类项目乒乓球、射击、击剑、柔道在训练的各临界点所表现出的特点是女子始终比男子在各阶段成才年龄要早。原因是技能主导类项目体能要求相对较差，女子发育较男子早造成的。

表2-4　各优势项目男女运动员业余训练和专业训练年限表　　（年）

项目	业余训练年限		专业训练年限	
	男	女	男	女
田径	3.1	2.8	3.2	3.9
柔道	1.4	1.3	3.6	3.7
皮划艇	3	3	3	2.9
击剑	2.7	2.7	4.2	4.2
赛艇	1.4	1	4.3	4.4
射击	1.6	1.9	3.8	3.4
举重	2.6	2.6	3.2	3
自行车	1.6	1.8	4.6	4
游泳	4.2	3.6	2.7	2.8
乒乓球	6.2	5.9	2.8	3
P	>0.05		>0.05	

$P>0.05$，差异性不显著；$P<0.05$，差异性显著。

由表2-4可以看出,各项目的业余训练年限:男女自行车、赛艇、柔道、射击均在2年以下,男女田径、举重、击剑、皮划艇为2.6~3.1年,游泳男子4.2年,女子3.6年,乒乓球男子6.2年,女子5.9年。可以看出,游泳、乒乓球等项目基础阶段占的时间最长,而自行车、赛艇、柔道、射击这些项目的基础训练时间较短。专业训练阶段年限:游泳、乒乓球两个项目的专业训练时间较短,均在3年以下,其他项目的专项训练时间较长,均在3年以上。业余训练阶段占时间比较长的项目乒乓球、游泳等,专业训练阶段相对较短,也就是说,这些项目经过业余训练阶段漫长的基础训练,打下了较好的基础,因而深入专项化训练后不久,便可能表现出较高的竞技水平。在各阶段的训练年限上,男女无显著性差异。

二、辽宁省竞技体育各优势项目优秀运动员家庭环境特征

1.各优势项目优秀运动员家庭出身情况

从表2-5可以看出,绝大多数体能类项目如田径、皮划艇、举重、自行车、赛艇以及个别技能主导类同场对抗性项目如柔道的优秀运动员40%以上来自于农民家庭,30%以上来自于工人和服务业劳动者家庭,很少一部分来自知识分子和干部家庭。而技能主导类项目击剑、射击、乒乓球以及游泳项目25%以上来自于工人和服务员劳动者家庭,还有很大的比例来自于知识分子和干部家庭,除了射击18.2%来自知识分子和干部家庭以外,其他三个项目都在25%以上的比例。

表2-5 辽宁省竞技体育优势项目优秀运动员家庭出身

项目	工人或服务业劳动者家庭		农民家庭		知识分子与干部		其他	
	人数	比例(%)	人数	比例(%)	人数	比例(%)	人数	比例(%)
田径	8	30.8	15	57.7	2	7.7	1	3.8
柔道	7	35	8	40	3	15	2	10
皮划艇	3	37.5	5	62.5	0	0	0	0
击剑	9	50	2	11.1	7	38.9	0	0

续表

项目	工人或服务业劳动者家庭		农民家庭		知识分子与干部		其他	
	人数	比例（%）	人数	比例（%）	人数	比例（%）	人数	比例（%）
赛艇	8	40	8	40	2	10	2	10
射击	7	63.6	2	18.2	2	18.2	0	0
举重	3	37.5	4	50	0	0	1	12.5
自行车	6	50	5	42.7	1	8.3	0	0
游泳	4	25	2	20	4	40	0	0
乒乓球	3	75	0	0	1	25	0	0

2.各优势项目优秀运动员父母对体育的态度

从调查的结果来看，辽宁省竞技体育各优势项目优秀运动员的父母对体育表现出非常喜爱的态度占75.9%，运动员的父母对体育的喜欢程度一般的占19.7%，4.4%的运动员父母不喜欢体育。尤其是击剑、乒乓球、射击、游泳运动员父母80%以上都非常喜欢体育（见表2-6）。

表2-6 辽宁省竞技体育各优势项目优秀运动员父母对体育的态度情况

项目	非常喜爱		一般		不喜欢	
	人数	比例（%）	人数	比例（%）	人数	比例（%）
田径	17	65.4	8	30.8	1	3.8
柔道	14	73.7	4	21.1	1	5.2
皮划艇	6	75	2	25	0	0
击剑	16	88.9	2	11.1	0	0
赛艇	15	75	4	20	1	5
射击	10	83.3	2	16.7	0	0
举重	5	62.5	2	25	1	12.5
自行车	9	75	2	16.7	1	8.3
游泳	8	80	1	10	1	10
乒乓球	4	100	0	0	0	0
合计	104	75.9	27	19.7	6	4.4

3.各优势项目优秀运动员父母对子女从事项目的支持情况

各优势项目优秀运动员取得家庭赞同,非常支持搞体育的人数为111人,占82.8%,反对的6人,占4.5%,无所谓态度的20人,占14.9%,见表2-7。父母是孩子的第一任老师,父母的行为和喜好,对孩子的影响非常大。如果父母对体育不喜欢,不支持孩子从事体育,那孩子从事体育事业的可能性就会大大减小。而家庭环境中父母尊重体育的气氛对孩子的运动员之路会产生良好的影响。

表2-7 辽宁省竞技体育各优势项目优秀运动员父母对子女从事项目的支持情况

项目	非常支持		无所谓		不支持	
	人数	比例(%)	人数	比例(%)	人数	比例(%)
田径	21	80.8	4	15.4	1	3.8
柔道	16	84.2	2	10.5	1	5.3
皮划艇	6	75	2	25	0	0
击剑	16	88.9	2	11.1	0	0
赛艇	15	75	4	20	1	5
射击	10	83.3	2	16.7	0	0
举重	6	75	1	12.5	1	12.5
自行车	9	75	2	16.7	1	8.3
游泳	8	80	1	10	1	10
乒乓球	4	100	0	0	0	0
合计	111	82.8	20	14.9	6	4.5

三、辽宁省竞技体育各优势项目优秀运动员参加训练的动机特征

由表2-8可以看出,有69.4%的优秀运动员把为祖国争光,提高我国竞技体育水平作为从事该项目运动的目的。有72.4%的优秀运动员认为兴趣和爱好是他们从事体育运动的动机,由于在家庭、社会等因素的影响下对体育活动产生了兴趣,是他们走上体育之路的诱因,因而有了从事这项运动的愿望和动力。另外,有33.6%的优秀运动员是由于生活所迫,没有其

他好的出路,才走上体育之路。这一部分运动员多集中在体能类项目上。有64.2%的优秀运动员认为参加体育运动是为了展示才能和自我价值。

表2-8 辽宁省竞技体育各优势项目优秀运动员动机情况调查

项目	为国争光,提高我国竞技体育水平		展示才能和自我价值		生活所迫		兴趣和爱好	
	人数	比例(%)	人数	比例(%)	人数	比例(%)	人数	比例(%)
田径	17	65.4	13	50	10	38.5	19	73.1
皮划艇	6	75	5	62.5	2	25	6	75
自行车	8	66.7	7	58.3	3	25	8	66.7
游泳	7	70	8	80	2	20	8	80
举重	5	62.5	4	50	3	37.5	5	62.5
赛艇	14	70	12	60	11	55	14	70
击剑	12	66.7	13	72.2	4	22.2	13	72.2
柔道	13	65	14	70	8	40	11	55
射击	8	66.7	7	58.3	2	16.7	9	75
乒乓球	3	75	3	75	0	0	4	100
合计	93	69.4	86	64.2	45	33.6	97	72.4

四、辽宁省竞技体育各优势项目优秀运动员学历情况

由表2-9可见,本科或本科以上学历所占比例最大,占42.3%,大专占28.5%,中专或高中占16.8%,初中以下共占12.4%。其中本科或以上学历多是运动员成名后获得的。从调查可知优秀运动员大多热衷学历,这一趋向反映出运动员对知识的尊重,都认识到没有文化退役后无法在社会上立足。但实际上,运动员的训练任务很重,无论是教练员还是运动员更重视的是运动成绩,学历只是他们在获得冠军后的"奖励",他们可以自己选择学校。这样造成有些运动员虽然学历很高,但知识水平仍然很低的事实。例如:某运动员读开幕词时,里面有一屈原的名句"路漫漫其修远兮",该运动员不认识"兮",居然念成了"分",满堂哗然。连一些最基本的知识都掌握不了。现在不少运动队只看重眼前利益,只要成绩好,就一好百好,对运动员的文化课学习严重忽视。但实际上,运动员的文化水

平提高有助于促进运动员对运动规律的理解,对其攀登体育高峰是有很大帮助的。例如:NBA的队员几乎全部是大学毕业,而且他们学历的获得是靠自己修完学分,不存在我国的所谓"照顾"明星的现象。现在我国的各大学也很重视优秀运动员的学业问题,因此出现了华中科技大学研究生院等多所院校要求没有按时修完学业的明星学生退学事件。

表2-9 辽宁省竞技体育优势项目优秀运动员学历情况

学历	本科或以上	大专	中专或高中	初中	小学
人数	58	39	23	13	4
比例(%)	42.3	28.5	16.8	9.5	2.9

其实我们应该综合考虑运动员的培养问题,举国体制、奥运争光与文化教育、知识结构的塑造培养并不矛盾。运动员虽然是特殊群体,但同样是普通的社会公民,他(她)们有受教育权,也要有获取必要知识迎接社会挑战的充分心理准备。例如,王军霞、王义夫、王楠、姚景远、孙福明等优秀运动员都是在获得世界冠军以后,实现了自己上大学的愿望。一些大学为了扩大知名度,国家也出于对世界冠军的"奖励",运动员们均自己根据兴趣选择学校实现了大学教育。

第四节 辽宁省竞技体育优势项目优秀运动员成才途径和影响因素分析

一、辽宁省竞技体育优势项目优秀运动员成长的途径

1.明确各级行政领导职责,加强竞技体育人才培养

辽宁省一直十分重视体育人才的培养,通过下发一系列规定与办法,规范人才培养管理机制。根据规定,省、市、县(含县级市、区,下同)

体育行政部门应该负责本行政区域内竞技体育人才的培养和管理；教育行政部门应该负责竞技体育人才文化教育的组织和管理；其他相关部门按照各自职责辅助体育和教育部门做好竞技体育人才培养工作。县级体育行政部门与其他部门合署办公或者合并的，应当有专人负责竞技体育人才培养工作和专项经费投入。市、县人民政府应当加强对竞技体育人才的培养，制定本行政区域竞技体育人才培养规划，将竞技体育人才培养纳入国民经济和社会发展规划。竞技体育人才的培养实行政府主导和社会参与相结合的原则，建立多渠道、多层次的人才梯队，形成由初级、中级到高级相互衔接、良性循环的发展体制。

2. 加强思想教育

运动员不但代表了一个地区甚至是国家的竞技体育水平，同时也代表了地区或国家的形象。因此，竞技体育人才培养机构应当对竞技体育人才进行爱国主义、集体主义、社会主义教育和法制教育，培养敬业精神，增强组织纪律观念，使其具备良好的政治思想素质和职业道德素质。

3. 保证训练、管理、竞赛经费的投入

竞技体育无论在训练还是管理和竞赛方面都需要有强大的财力支持，省、市、县人民政府应当将体育事业经费、体育基本建设资金列入本级财政预算和基本建设投资计划，并随着国民经济的发展逐步增加。应当在每年体育事业经费预算中安排竞技体育人才培养经费。鼓励社会组织和个人向竞技体育人才培养机构捐赠，捐赠人可以依法对捐赠的工程项目留名纪念，并依据《中华人民共和国公益事业捐赠法》享受税收等优惠。受赠的竞技体育人才培养机构对捐赠的财物应当妥善管理，不得挪作他用。竞技体育后备人才到省、市政府举办的体育运动学校学习、训练，应当给予伙食费补助，所需经费应当由省、市财政部门承担。

4. 拓宽办学渠道，弥补政府办体育运动学校的不足

体育行政部门可以独立举办或者与社会组织和个人合作举办体育运动学校。鼓励社会组织和个人设立竞技体育人才培养机构，开展竞技体育后备人才培养工作。辽宁省阜新篮球学校就是民间办体育运动学校成功的榜样，它为社会输送了很多优秀的篮球运动员。

5.加强体育行政部门与教育行政部门合作

中小学校应当为竞技体育后备人才培养创造条件。省、市、县体育行政部门和教育行政部门应当将开展学生体育活动形成传统并在体育运动项目技能上具有特色的中小学校,确定为体育传统项目学校。鼓励高等院校建设高水平运动队和运动员培训基地。省、市体育行政部门应当将具有体育优势项目的竞技体育人才培养机构确定为竞技体育人才基地,对基地中的优势项目和优秀人才进行重点培养;省、市体育行政部门应当会同教育行政部门建立竞技体育后备人才数据库,加强对竞技体育后备人才的管理。鼓励中小学校、社会组织和个人向竞技体育人才培养机构推荐具有体育运动潜质的青少年、儿童。县体育运动学校(含业余体校)与当地中小学校联合培养竞技体育后备人才的,县人民政府应当对体育运动学校给予经费投入。

6.加强运动员的文化教育

省、市、县教育行政部门应当为竞技体育后备人才接受义务教育创造条件。中小学校应当为竞技体育后备人才就近读书提供方便,为户籍在外地的竞技体育后备人才接受义务教育提供条件。竞技体育人才在升高中时,实行文化成绩和体育专项成绩综合评分录取,具体办法由省教育行政部门和体育行政部门制定。符合国家规定条件的高水平运动员,可以参加高等学校组织的单独考试或者在高考中享受优惠待遇。省教育行政部门应当会同有关部门做好普通高校招收高水平运动员的工作。

7.通过比赛培养后备人才

比赛能够检验运动员的训练效果,增加实践经验,适当的比赛是优秀运动员成才的必由之路。省、市、县体育行政部门和教育行政部门应当定期举办青少年体育竞赛活动,培养、选拔竞技体育人才。公共体育设施管理单位应当为竞技体育后备人才的训练或者比赛提供优惠和便利。

8.行政管理和物质奖励结合,做好竞技体育后备人才的选材工作

运动员的招聘应当坚持公开、公平、择优的原则,由体育训练单位根据聘用条件及要求,采取考试、考核的方法进行,并签订聘用合同。人力资源社会保障部门与体育行政部门负责运动员招聘工作的指导、监督和管

理。省体育专业运动队有权在本省优先招收竞技体育人才。竞技体育人才培养机构应当根据省体育专业运动队的需要输送竞技体育人才。省、市体育专业运动队选拔竞技体育人才，应当向输送人才的竞技体育人才培养机构支付输送奖励费。省、市、县人民政府对在全国运动会、亚运会、奥运会等重大比赛取得优异成绩的运动员及其教练员和输送单位给予奖励，对教练员还应给予输送奖和追踪奖，具体奖励办法由省体育行政部门会同省人力资源社会保障部门、财政部门制定。有突出贡献的教练员，可以按照有关规定，破格参加职称评定。

9. 多渠道解决优秀运动员退役后的安置问题，解决后顾之忧

优秀运动员退役后的安置问题一直是体育界关注的问题。只有解决了运动员的后顾之忧，运动员才能全身心投入到训练、比赛之中，也为避免许多社会问题的发生，2009年辽宁省政府出台了几项关于优秀运动员退役后的安置政策：获得奥运会前8名、世界锦标赛、世界杯赛和全国运动会前3名并具有高中（中专、技校、职中）毕业以上学历的运动员退役时，省、市、县体育行政部门可在所属事业单位空余编制内单列部分岗位，通过考核方式对其进行招聘。获得奥运会前8名，世界锦标赛、世界杯赛和全国运动会前3名，亚运会前2名的运动员退役时，符合教师岗位任职资格的，高等学校可在编制限额内，采取考核方式招聘到体育教学岗位工作。取得大专以上毕业证书并具有相应教师资格的退役运动员，可采取考核方式招聘到中小学体育教学岗位工作。省、市体育、教育行政部门应当为有意从事体育教学工作的退役运动员取得教师资格创造条件；体育行业、体育服务业、体育运动学校以及用体育彩票公益金或政府资金建立的体育运动场所新增就业岗位，应当优先安排退役运动员；需要体育骨干的非体育系统单位，同等条件下也应优先选用退役运动员；鼓励退役运动员自主创建体育经营实体或从事个体经营，政府有关部门应按规定在政策上给予扶持，金融机构应视情况提供贷款；对自主择业、自谋出路和进入高等院校学习的退役运动员，按照国家和省有关规定的具体补偿标准实行一次性经济补偿。省、市、县人力资源社会保障部门所属职业培训、鉴定机构应当向退役运动员提供职业技能培训、考核鉴定服务，所需经费在同级

财政年度经费预算中列支。

10.加强运动队的管理

国家的经济飞速发展，人民生活水平有了很大提高。现在的运动员，身体条件好、训练条件好，思想活跃，头脑灵活，这些都有利于出人才出成绩。但反过来看，也会产生另外一些问题，这就需要我们的教练员去加强管理和教育，以保证训练和比赛不会受到干扰和影响。对运动队来说，管理的问题比较复杂，还可能引发各种各样的矛盾。例如，现在参加各种比赛的奖金逐渐增多，对运动员起到了很大的激励作用，但我们也应该看到它的负面影响，要对此给予充分的认识。首先不能让运动员产生金钱至上、极端个人主义的思想，要让运动员明确自己肩负的责任和义务，培养他们的国家意识、民族意识，教育运动员要为国家的荣誉、民族的振兴去训练、去拼搏。只有这样，才能在训练、比赛中克服困难，赢得荣誉。运动队的作风非常重要，没有良好作风的运动队是不会有作为的，这是抓管理的根本目的。许多优秀运动队的成功经验都证明，管理得当，作风过硬，运动队就有战斗力和凝聚力。国家乒乓球队、男子篮球队釜山亚运会失利事件的沉痛教训，说明了运动队伍管理的重要性。要敢于管理，敢于对一些迷失自我的明星队员、世界冠军说不，放松管理和要求只能是在客观上害了他们。作为教练不仅仅是要培养出优秀运动员，更是要为国家培养人才，个人素质高的运动员退役后从事其他工作，也能成为对社会有用的人才。必须杜绝省、市、县的体育行政领导为不服从管理的运动员讲情或开绿灯等行为。

二、辽宁省竞技体育优势项目优秀运动员成才的影响因素分析

1.社会环境因素对优秀运动员成才的影响

社会环境对于人的成长具有很大的影响。首先，社会环境为人类成长提供了发展的空间和条件。人本质上是一个社会性的存在，他的发展不可能脱离现实的社会。其次，社会环境是人类成长的有力支持。人的成长过程总难免遭遇到各种各样的困难，社会环境常常能够给我们提供宝贵的资源和强大的力量。优秀运动员是在一定的经济、政治、文化等客观条件

下进行成长与成才的，构成优秀运动员成长的社会环境主要是由社会的政治、经济、文化环境以及学校、家庭因素所构成。

1）社会政治制度对优秀运动员成长的影响

人们的思想意识、行为方式等都要受到社会政治环境的制约。所谓社会政治环境是指社会的上层建筑，包括政治制度、政治体制和意识形态中的政治理论、政治观点的总结。政治环境对优秀竞技体育人才成长具有双重作用：一是消极作用。腐败、动荡、落后的政治环境严重制约着优秀竞技体育人才的产生与发展。二是积极作用。代表生产关系、发展方向的政治环境对运动人才成长有促进和激励作用。从辽宁省竞技体育优势项目的历史演变中不难看出，稳定的政治局面、国家对体育的重视程度、有关体育政策、法规保障是优秀运动员成才的基础。政治上的不安定会影响到运动员的发展。我国"文化大革命"的动荡和浩劫，体育事业呈现出倒退的局面，大到我们国家的体育运动发展受到阻碍，小到很多体育组织被解散，使许多优秀运动员失去了发展的机会。在旧中国，政府不关心体育事业的发展，体育学科不被重视。因此能够为体育事业发展献身的人比较少，即使有运动天才，也很难得到重视和培养。陈毅同志说过："国运兴，棋运兴。"由此可见社会的政治制度对运动员成才的影响。体育的发展受政治的影响，运动员的发展也离不开政治这个大局，国家政治路线、方针政策都直接关系到体育人才的兴衰。运动员就业以及以后的出路对运动员能否安心训练影响极大，并进一步影响运动员成才，甚至影响吸纳优秀的苗子到运动队伍中来。目前，我国政治稳定，国家对体育尤其是竞技体育非常重视，有关体育政策、法规保障等越来越完善，有利于优秀运动员的成长。辽宁省是体育大省、强省，第12届全国运动会在辽宁省召开，我们应该抓住有利时机大力发展体育事业，培养出更多、更好的优秀运动员。

2）社会经济、科技发展水平对运动员成才的影响

社会经济环境是指生产方式，即人们谋取物质资料的方式。它包括生产力和生产关系两个方面。近代以来，西方国家先后经历了资产阶级革命，在生产关系上确立了比封建制度先进的资本主义制度，在生产力方面

取得了巨大的发展。生产力和生产关系的进步为包括体育在内的科技的飞速发展和体育人才的涌现提供了坚实的物质基础。新中国成立后，我国消灭了一切剥削制度，建立起了以公有制为主体的所有制结构和以按劳分配为核心的分配方式。使全国人民在经济上真正得到平等，大大提高了体育工作者创造、创新的积极性与主动性。改革开放至今的30多年里，我国经济体制改革取得了巨大的成功，传统的计划经济体制逐渐被社会主义市场经济所取代，经济发展迅速，人民生活水平有了很大的提高。这一切都为我国的体育发展和体育人才的成长创造良好的物质基础。事实证明，我国优越的社会经济环境孕育出了大批优秀运动人才。经济发展水平又制约着教育科技与信息等方面的发展，因而将会极大地影响体育运动的发展。经济的落后使得体育经费相当不足，从而极大地限制了体育运动的进一步发展，科技与信息的落后也制约了体育运动的发展与交流。随着世界第一产业、第二产业与第三产业的迅猛发展，世界经济快速增长人均GDP大幅度地增加，世界各国也加强了对体育运动的投入。如兴建了大量的体育场馆与体育设施，提高了对训练和管理的经费投入以及不断更新比赛服装、器材和设备。所有这些都极大地推动了体育运动的发展。辽宁是东北老工业基地的龙头，在计划经济时代由于体制的原因，竞技体育人才丰富。由于政府的重视、地理环境的优势等，辽宁涌现了大批竞技体育优秀人才，改革开放以来，在市场经济的作用下，辽宁这个老工业大省出现了转型缓慢等问题，经济形势不如沿海城市，出现了大量优秀运动员流失他省的现象，严重时出现教练带领整支队伍出走的现象。从近几年的全国运动会经济投入也能看出，广东、浙江、江苏等沿海省份的资金投入远比辽宁多，出现了辽宁优势项目的一些后备人才大量流失。例如，李晓霞、马琳等一批优秀运动员都是来自于辽宁。社会经济决定了竞技体育的资金投入，直接影响了运动员、教练员的收入、科研的投入、后备梯队的建设、比赛机会的多少等，这些都对优秀运动员的成才起到非常重要的作用。

3）社会文化对优秀运动员成才的影响

社会文化环境从广义上是指人类创造的物质文明和精神文明的总和形成的环境，狭义的是指具体的社会文学艺术、意识形态、风俗习惯等的总和形成的环境。社会文化环境分为三个层次：哲学和宗教是最高层次的文化要素；其次是文学艺术、科学技术要素，它们都受哲学和宗教的指导；社会心理、风俗习惯是最低层次的文化要素。不同层次的文化环境对体育人才的造就作用是不同的，以哲学和宗教的第一层次最为重要，它是形成人的观念和世界观的关键。文化环境对人的成长作用同样具有积极和消极两重性。落后、腐朽的社会文化环境会轻视科学、轻视教育、轻视人才，从而阻碍科技的发展和人才的涌现。相反地，进步的社会文化环境对体育人才成长有着积极的作用。如果一个民族尊重科学，重视教育，社会形成尊重知识、尊重人才的良好社会风尚，就会有利于体育的发展，人才的辈出。国外的一些研究表明，参与体育的项目、爱好、特点与阶级相关，不同社会阶层的人往往参与不同的体育运动项目。辽宁体育活动有着悠久的历史。辽宁坐落于我国满族的起源地，有着悠久的满族文化传统。满族在长期征服自然、杀伐征战、宗教祭祀等活动中，创造了以强身健体为主要目的、以民俗体育为主要内容的丰富多彩的传统体育活动。辽宁民间传统体育开展得较为普及，丰富多彩的传统体育文化、民间流行的体育游戏成为辽宁体育生存发展的肥沃土壤。这些具有浓郁民间传统体育风情至今对辽宁体育还有深刻的影响，还能够被广大人民群众所传承。此外，辽宁还是历史上抵抗外来侵略的主要省份，从鸦片战争到抗日战争，比较早地接受西方文化，形成海纳百川的宽容精神，这些成为辽宁体育成长的人文环境要素。一个社会的文化环境对促进个体成就动机的气氛具有深刻的影响。近些年，辽宁率先创建体育名城活动，一方面突出群众体育特色，建立具有城市特征的群众体育环境；另一方面也逐步形成基础雄厚的竞技体育后备人才培养基地，成为群众体育与竞技体育协调发展的典范。现在已建立大连的"足球城"，沈阳的足球、体操、举重基地，阜新的"篮球城"，抚顺的"乒乓球城"，丹东的"羽毛球城"，本溪的"自行车城"，营口的"水上运动"基地，朝阳的柔道、摔跤基地，铁岭的"柔道之乡"，鞍山的"田径之乡"等，这些以城市特色知名的体育名城成为城市建设和对外宣传的一张亮丽的"名片"，对树立城市新形象、改善投资环境、打造城市品牌、建设城市文明等起到积极的窗口作用。体育名城的建设，在带动群众体育蓬勃开展的同时，也形成了辽宁省竞技体育后备人才成长的环境。

2.家庭环境因素对优秀运动员成才的影响

表2-4数据显示：田径、皮划艇、举重、自行车、赛艇以及柔道的优秀运动员有40%以上来自于农民家庭，30%以上来自于工人和服务业劳动者家庭，很少一部分来自知识分子和干部家庭。击剑、射击、乒乓球以及游泳项目25%以上来自于工人和服务业劳动者家庭，还有很大的比例来自于知识分子和干部家庭，除了射击是18.2%来自知识分子和干部家庭以外，其他三个项目都是25%以上的优秀运动员来自知识分子和干部家庭。这主要是由项目特点和项目开展的特殊性所决定的。击剑、乒乓球、射击等项目隶属于技能主导类项群。它们的特性要求运动员要具有良好的反应、灵活、观察、判断等能力，同时器材的复杂性、多样性加之费用高等因素决定了这些项目的运动员主要集中在知识分子和干部家庭，因为这些孩子相对于农民及工人家庭的孩子见多识广、灵活性高、悟性强、家庭经济条件好等特点，是教练员们的首选对象。这样的结果也绝非偶然，通过分析还可以发现，击剑、乒乓球、射击等项目训练所需要的器材、服装、营养等条件很少有农村家庭能够负担得起。田径（以中长跑和竞走为主）、皮划艇、自行车、赛艇隶属于体能主导类耐力性项群，这些项目要求运动员能够以超强的耐心忍受生理和心理上的极度疲劳，最大限度地动员体能潜力，只有具备顽强的意志品质，才能满足比赛竞技的需要。举重项目属于体能主导类快速力量性项群，柔道属于技能主导类同场对抗类项目，它们同样要求运动员忍受艰苦的训练以及对训练后体形变化的认可。农村的孩子具备了吃苦耐劳、意志品质坚强等优良品质。他们为了改变贫困、落后的现状，训练时非常刻苦，能够忍受城市孩子所不能忍受的艰辛，这正是体能主导类耐力性项群以及举重和柔道项目选材所需要的。

从调查的结果来看，我省各优势项目优秀运动员的父母对体育表现出非常喜爱态度的占75.9%，运动员的父母对体育喜欢程度一般的占19.7%，4.4%的运动员父母不喜欢体育。尤其是击剑、乒乓球、射击、游泳运动员父母80%以上都喜欢体育（见表2-5）。表2-6数据显示，各优势项目优秀运动员取得家庭赞同，非常支持搞体育的人数为111人，占82.8%，反对的6人，占4.5%，无所谓态度的20人，占14.9%。父母是孩子的第一任老师，父母的行为和喜好，对孩子的影响非常大。如果父母对体育不喜欢，不支持孩子从事体育，那孩子从事体育事业的可能性就会大大减小。而家庭环境中尊重体育的气氛和传统对孩子的运动员之路会产生良好的影响。一般的体育社会学理论都认为优秀运动员的产生是家庭、学校等多种因素复杂地交织在一起影响的结果。卡尔·刘易斯就生活在一个尊重体育的家庭里，他们兄妹四人，三男一女，在田径、足球、篮球运动上取得优异成绩，在不同的场合和地点比赛，这与他们的父母有体育方面的经历和学历，以及理解和支持有很大的关系。

人是环境和教育的产物，家庭是一个人成长过程中最先接触的社会环境的一部分，是对人的成长最早发生影响也是最持久发生影响的外部环境之一。家庭是社会结构中最小，最基本的细胞，父母是儿童的第一任老师。家庭环境直接影响着每个人的成长，特别是少年儿童，他们对世界充满好奇，兴趣广泛但又缺乏自制能力；他们渴望了解社会，渴望独立自由感悟世界和人生却又缺乏足够的能力摆脱幼稚，他们对周围发生的一切缺乏判别善恶美丑的能力。在家庭环境中，孩子的认同首先在与父母的相互关系中不知不觉地形成，他们把父母的言行奉为自己的行为准则。因此，家庭行为是孩子成长的基础，平时孩子以渴求的眼光注视着父母的一举一动，一言一行，并通过不断的接触感悟逐渐形成自己的行为方式，在平时生活实际中不断得到强化，形成自己的角色定位。

3. 榜样的作用

一般而言，能成为优秀运动员的基本要素，除了天赋之外，最主要的就是对体育运动的兴趣。而能在这一方面产生影响的，几乎都来自于对某个超级偶像的崇拜，由崇拜产生兴趣到效仿并走上运动员职业道路，似乎已成为规律。刘易斯在《赛跑运动员》杂志上，回忆了在费城的那场为纪念欧文斯而举行的同年龄组别田径运动会上，当他夺得跳远第一名，被引见给奥林匹克巨人欧文斯时的情景："他走过来，对其他孩子们说，你们要向这个更小的家伙学习,他有决心,而且确实做了努力。"刘易斯说:"这是个鼓舞。"而同刘易斯一起拜在特勒门下的,比刘易斯小4岁的伯勒尔,不仅十分崇拜卡尔,而且根本上就视卡尔为朋友和师长。可见,榜样的作用是无穷的,一代又一代的体育英雄就是通过这一激励链条成长起来的。在辽宁运动员成长的过程中,最有说服力的要属优秀运动员身边的榜样作用,他们具有鲜活性、示范性、激励性。调查显示,优秀运动员中43.3%的人认为队友或其他运动员的成长经历,对其起到重要的激励作用。如孙福明(1996年第25届亚特兰大奥运会柔道冠军)曾谈道:"自己的队友都拿到了冠军,向他们看齐,我什么时候能拿冠军,自己暗下决心,奔着他们的目标去练。"正是因为榜样的作用是无穷的,各个竞技体校在校园里或场馆中都悬挂历届世界冠军的照片,用来激励在训的运动员。

4. 良好的动机是运动员成才的内部动力

动机是推动一个人进行活动的心理动因或内部动力。它的基本含义:能引起并维持人的活动,将该活动导向一定目标,以满足个体的念头、愿望或理想等。动机是个体的内在过程,行为是这种内在过程的结果。动机的作用有三类。

(1)始发作用:动机可引起和发动个体的活动。

(2)指向或选择作用:动机可以指引活动向某一目标进行或选择活动的方向。

(3)强化作用:动机是强化、增加或抑制、减弱某一活动的力量。

心理学就是从"方向"和"强度"两个角度理解动机问题的。"方向"与一个人目标的选择有关,即人为什么要做某件事;"强度"与一个人的激活的程度有关,即为了达到某一目标,人正在付出多大的努力。根据不同的分类标准,可以对动机进行不同的分类。

(1)生物性动机和社会性动机:这是根据需要的种类和对象来分类的。以生物性需要为基础的动机称为生物性动机,如因饥饿、口渴而产生的动机;以社会性需要为基础的动机称为社会性动机,如成就动机、交往动机。

(2)直接动机和间接动机:这是根据兴趣的特点来分类的。以直接兴趣为基础，指向活动过程本身的动机是直接动机；以间接兴趣为基础，指向活动的结果的动机是间接动机。例如，有的运动员对于自己所从事的运动本身感兴趣，认为它是对自己身体机能的积极挑战，从中可以最大限度地发挥和体现自己的潜力，体验到一种效能感和满足感。这种训练动机就属于直接动机，即指向训练本身的动机。也有人对大运动量训练本身不感兴趣，仅认为它是为战胜对手所必须克服的困难，这种枯燥的训练仅有助于竞赛的胜利。这样的训练动机就属于间接动机，即指向训练结果的动机。一个运动员在训练中往往同时受到这两种动机的驱动。

（3）外部动机和内部动机：来源于客观外部原因的动机称为外部动机，来源于主观内部原因的动机称为内部动机。外部动机以社会性需要为基础，人通过某种获得相应的外部奖励或避免受到惩罚以满足自己的社会性需要。内部动机以生物性需要为基础，通过积极参加某种活动，应付各种挑战，从中展示自己的能力，实现自己的价值，体验到莫大的快乐和效能感。

调查显示（见表2-8），有69.4%的优秀运动员把为祖国争光，提高我国竞技体育水平作为从事该项目运动的目的。有72.4%的优秀运动员认为兴趣和爱好是他们从事体育运动的动机。另外，有33.6%的优秀运动员是由于生活所迫，没有其他好的出路而走上体育之路的。这一部分运动员多集中在体能类项目上。有64.2%的优秀运动员认为参加体育运动是为了展示才能和自我价值。这是一种典型的内部动机。

立志成才、报效祖国是优秀运动员共同的思想基础，从历年有关优秀运动员事迹的介绍中，可以清楚地看到，祖国利益高于一切，祖国在我心中，发愤图强，勇攀高峰，立志成才，为祖国的荣誉，义无反顾地拼搏，是优秀运动员的鲜明特征。因此，在他们中间便有了昏倒赛场不言下，双膝尽伤坚持滑……因为他们知道，在国际赛场上升国旗、奏国歌是他们最神圣的天职。当运动员达到较高水平或进入国家队，并担任主要队员后，他们经常代表祖国参加国际比赛，民族的自尊心、社会责任感、祖国的荣誉和事业心，更升华到了一个新的高度，他们给动机赋予了新的内容，为我国的体育事业献身，为国争光。此时个人动机融合于社会的需要，事业心就更加坚定。优秀运动员共同表现为不断进取，不满足现状，对取得事业上的成就有着强烈的、迫切的要求。当运动员把个人与事业和祖国荣誉紧密地联系到一起时，他们的动机就发展到了一个新的高度。爱国主义精神和对体育事业的执着追求是优秀运动员成才的保障。优秀运动员的成才与他们个人的世界观、价值趋向有直接关系。优秀运动员能够将国家的需要、人民的要求放在第一位，将个人发展目标与国家荣誉紧密联系在一起。优秀运动员的动机既有直接动机，也有间接动机，既有内部动机，也有外部动机，它们共同作用，使运动员保持了一种较高的从事竞技运动的动机水平。优秀运动员都具有强烈的内部动力因素，运动员从开始训练到成功再到最后退役要经过10~20年的艰苦训练，这期间起早摸黑，吃苦受累，还要承受超强的压力，没有超强的动力是不可能坚持到成功的。兴趣是人们积极探究某种事物、认识某种事物、获得某种事物或接近某种事物的内部动力。兴趣与爱好往往是联系在一起的。爱好是从事某种活动的倾向。兴趣是爱好的推动者，爱好是兴趣的实行。有爱好一定有兴趣，而有兴趣可能有爱好，也可能没有爱好。许多研究者在对成才人物本身的探究中发现：一个人的成才不仅与他知识的丰富和智力的发达有关，而且还有一条重要的原因，那就是对自己所从事的事业有着强烈的兴趣，这种对事业的强烈兴趣是他们积极探索新鲜事物的推动力，它可以使人由不知到知，由知少到知多，由不会到会，由会到精。大量的事实也说明，兴趣和爱好是构成一个人求知动力的源泉。伟大的科学家爱因斯坦在1953年曾对自己作过这样的评价："我确实知道，我自己并没有特殊的天分，而是强烈的兴趣和顽强的努力才使我达到了我的思想境界。"许多心理学家研究了获得诺贝尔奖金的科学家的思维活动，发现他们的创造过程中，始终充满着旺盛的兴趣，这种兴趣成了他们不断探求未知世界的力量源泉。兴趣和爱好是受社会性制约的，不同的环境、不同的阶级、不同的职业、不同的文化层次的人，兴趣和爱好都不一样。有的人兴趣和爱好的品味比较高，有的人的兴趣和爱好的品位比较低，兴趣和爱好品位的高低会直接影响和表现一个人的个性特征的优劣。例如，对公益活动感兴趣，乐于助人，对高雅的音乐、美术有兴趣和爱好，反映了一个人个性品质的高雅；反之，对占小便宜感兴趣，对低级、庸俗的文艺作品有兴趣和爱好，则表现了一个人个性的低级。兴趣和爱好有时也受遗传的影响，父母的兴趣和爱好也会对孩子有直接的影响。人的兴趣是多种多样的，但概括起来又可以分为两大类：直接兴趣和间接兴趣。直接兴趣是指对活动过程的兴趣。例如，有的人想象力丰富，富于创造性，喜欢制作各种模型，在制作过程中，全神贯注，表现出浓厚的兴趣；间接兴趣主要指对活动过程所产生的结果的兴趣。有的中学生业余喜欢绘画，每当完成一幅画，他都会对自己取得的成果表现极大兴趣。直接兴趣和间接兴趣是相互联系、相互促进的，如果没有直接兴趣，制作各种模型的过程就很乏味、枯燥；而没有间接兴趣的支持，也就没有目标，过程就很难持久下去，因此，只有把直接兴趣和间接兴趣有机地结合起来，才能充分发挥一个人的积极性和创造性，才能持之以恒，目标明确，取得成功。兴趣对一个人的个性形成和发展、对一个人的生活和活动有巨大的作用。

5.训练因素对优秀运动员成才的影响

1）训练的年龄特征和各阶段训练训练年限对优秀运动员成才的影响

表2-3数据显示，各项目中开始参加业余训练年龄最大的是自行车、赛艇、皮划艇、射击4个项目。男子平均15.8~16.4岁，女子平均14.8~16.2岁。这些项目或要求运动员具备较强的体能基础或要求运动员具备较强的心理稳定性，而且从事这些项目的运动员多是从其他项目而来的。因此，这些项目的运动员开始业余训练的时间较晚。其次是田径、举重、击剑、柔道4个项目，男子平均13.8~15岁，女子平均12.8~14.2岁。田径是运动之母，根据青少年身体发育特点以及各年龄阶段适合进行不同素质的训练等特点，田径项目训练比较适合在青春期前后进行训练。而举重、击剑、柔道项目相对要求较强的技术，因此训练年龄稍早。游泳和乒乓球不但要求掌握精湛的技术，还要有很好水感和球感，因此他们很小的年龄就要开始进行训练。游泳男子平均10.2岁，女子平均9.7岁。乒乓球运动员开始训练男子平均7.3岁，女子平均6.1岁。进入国家队训练的运动员年龄趋势与业余训练一样，年龄最大的是自行车、赛艇、皮划艇、射击4个项

目，男子21.7~22.3岁，女子20.1~21岁。第二是田径、举重、击剑、柔道4个项目，男子18.8~21.9岁，女子17.8~20.2岁。第三是游泳运动员，男子平均17.1岁，女子平均16.1岁。乒乓球运动员进入国家队训练的年龄最小，男子16.3岁，女子15.4岁。这是和运动员开始业余训练的年龄以及专业训练年限有关的。由表2-4可以看出，各项目的业余训练阶段年限：男女自行车、赛艇、柔道、射击均在2年以下，男女田径、举重、击剑、皮划艇在2.6~3.1年，游泳男子4.2年，女子3.6年，乒乓球男子6.2年，女子5.9年。可以看出，游泳、乒乓球等项目基础阶段占的时间最长，而自行车、赛艇、柔道、射击这些项目的基础训练时间较短。专业训练阶段年限：游泳、乒乓球两个项目的专业训练时间较短，均在3年以下，其他项目的专项训练时间较长均在3年以上。业余训练阶段占时间比较长的项目乒乓球、游泳等，专业训练阶段相对较短，也就是说，这些项目经过业余训练阶段漫长的基础训练，打下了较好的基础，因而深入专项化训练后不久，便可能表现出高度的竞技水平。

2）比赛机会对竞技体育优秀运动员成才的影响

现代竞技运动水平的高度发展，对运动员的各方面要求越来越高。从业余训练或在运动队试训实质上是对运动员的各方面进行评价、判断、检验，是一个更进一步选材的阶段。在这一阶段中起作用的主要原因是运动员所具有的潜在竞技能力、初步取得的运动成绩。运动员的先天条件是否突出，能否发现运动员所具有的潜在竞技能力，成为训练成败的关键。我国学者梁晓龙在《当代体育运动发展的基本趋势、规律与特点》一文中指出，当代竞技体育就是"天才+多年系统化的科学训练+国际大赛机会"的综合性的运动训练系统工程。运动竞赛的目的是取得优异的运动成绩，运动员所取得的初步运动成绩是他们能够入队成为专业运动员的基础前提。适当的比赛能够增加比赛经验，使教练员发现训练中存在的不足，及时调整训练内容、负荷等，有利于运动员的成才。

3）受教于名师

名师有如此重要的作用主要在于知识渊博，阅历和经验丰富，无论是成功还是失败的经历，都是一笔难得的财富。正因为他们站得高，看得远,既掌握了最新的信息和最科学的训练技术,又能严格要求,谦虚宽容。更主要的是,他们本身具有的一种永不满足、锲而不舍和必胜的信念,作为"隐蔽课程"而起作用,潜移默化地影响着他们的徒弟。例如:中长跑教练马俊仁训练出王军霞、曲云霞等一批为国争光的优秀运动员,孙福明从师于刘永富,李卓从师于姜雪辉,王楠、郭跃从师于谷振江等,都是典型的例证。

6.运动员的文化素质是技战术升华的基础

体育是以体力出成果,而以智力为灵魂的事业,科学是智慧的结晶,人是智力的载体,对于任何一门知识的学习都需要有一定的智力水平作基础。智力不仅受制于先天的遗传因素,更重要的是受后天环境和教育的影响。因而,竞技体育运动的各技术动作、战术意识作为一门知识,不仅需要运动员靠先天的智力,更重要的是要求运动员掌握丰富的科学文化知识去学习、理解和掌握技术动作、战术意识,并在实践中加以灵活运用。特别是击剑、乒乓球、柔道等项目发展到今天,已不再是单纯的身体运动,而是一项具有综合性学科的复杂思维活动的运动过程,是力量与智慧的结合。因此,竞技体育运动中,运动员没有一定的文化素质、不具备较宽的知识面和较丰富的文化知识水平作基础,只靠对技术动作、战术意识进行简单的堆积和机械的模仿,是不能符合现代竞技体育发展需要的。因此优秀运动员只有具备完善的知识结构,才能加深对竞技体育运动自身规律以及技、战术内涵的理解,保持最佳的竞技状态,使技、战术水平正常发挥,甚至超水平发挥。

7.心理素质水平是优秀运动员取胜的关键

现代竞技体育比赛的争夺越来越激烈,场上灵活运用各种技术动作,战术变化多,运动员不仅应具备身体素质和技、战术方面的优势,而且更要具备良好心理素质。其中,身体方面的优势是保证比赛取胜的物质基础,技、战术优势是比赛取胜的决定条件,而心理素质是运动员身体、技战术水平得以充分发挥的内部动因。优秀运动员需要的心理素质和心理特征,首先要由各项目自身的特点来决定。优秀运动员的心理特征可以分为与运动技能有关的心理过程特征和个性心理特征。包括优秀运动员的感知觉特征、注意特征、表象特征、情绪特征、战术思维特征、意志特征、个性特征。例如：击剑运动员的感知觉特征是由构成击剑运动本身的许多因素决定的。击剑运动中专项感知觉的发展水平标志着运动员竞技能力的高低，对于击剑运动员，其剑感、时机感、距离感和节奏感等是最主要的。敏锐的专门化的感知觉在某些方面表现出鲜明的个人特点，是高水平运动员重要的心理特征，是在长期专项训练、比赛中形成和发展的。不断的自我实现是成绩突破的动力，高水平运动员的成长需要长年累月的刻苦努力，并持之以恒不断进取，通过不断自我实现去达到一个个子目标，最终达到总目标。且有努力不断自我实现的强大动力是优秀运动员高情感智力表现的一个方面，能够充分认识现实中的自我，正确树立理想中的自我，充分发挥自己的能力和挖掘潜力，将现实中的自我向理想中的自我进行重叠实现，继而再树立更高的理想"自我"，从而表现出把艰苦、单调和枯燥的运动训练作为无悔的选择，专心致志、锲而不舍。同时树立正确的人生观、世界观等，并通过各种方法与途径增强吃苦耐劳、自强不息、不断战胜自我、勇往直前、勇攀高峰的精神。优秀运动员通过不断的努力体验自我实现后的成功喜悦，继而努力实现新目标，不断自我实现，超越自我。发愤勤练、吃苦耐劳是优秀运动员成才的主观动因。竞技场从来没有救世主，胜利只垂青那些有信心、有毅力、意志顽强的体坛骄子。每一位优秀运动员抛洒的汗水可以吨计，他们忍受了常人难以想象的艰苦磨炼。王军霞被磨掉了脚趾甲的双脚在运动场上常年奔波，李宁的肉皮磨烂仍咬牙苦练，邓亚萍的自觉加班加点不计节假日，使他们最终得以登上世界体坛最高峰。在优秀运动员的主观世界里，占据主导地位的是"天道酬勤"的信念。

8.自信与努力是优秀运动员成才的心理能动因素

1）自信是心理学自我观念中的积极因素

自信是自我认识的结果。它是在不断的成功中自我认识积累而形成的自我观念。所谓自我观念，是指个人对自己的认识，包括一个人的处世、待人、道德观念，希望别人对自己做出的评价和希望自己成为怎样一个人。它在很大程度上是社会的产物，是把人们对他的评价，综合在自我观念里作为有意识或无意识的指导原则。自我观念一旦形成将保持相对稳定。自我观念是一种动机力，它能定下志向级别，会激励自己去达到目的。自我观念有积极的，也有消极的。有些人自认为无能，只贪图享受、工作轻松、混混日子，这就是消极的，另一种相信自信，有事业心，这是积极的。

2）自信是信心和决心的内在基础

当相信自己的能力可能达到某种目的时，才有决心和信心，才能激起意志努力。信心和决心又是取得成功的前提。居里夫人说："一个人应该有信心，尤其要有自信力，假如退缩一秒钟，失去事业和信心，那么前途就会从他们脚下溜走。"

3）自信是坚信自己能够成功的观念

自信不是对自己才能的满足，而是相信自己具有成功的条件和方法。有许多人在逆境中奋斗成才。优秀运动员孙凤武数次落选省体校的选拔，但他有自信，坚信自己的能力，经过努力最后取得了成功。从其他学者对优秀运动员作的心理测定中发现，优秀运动员的自信指数大大高于训练多年成绩不佳的运动员。自信心是优秀运动员成功的重要素质之一。

4）自信要有努力才能成功

自信是一种自我观念，通过努力才能变为实践行动，增强自信。自信和努力相互联系，自信必须努力，才能发挥优势，脱离努力的自信是盲目的自信。"天才"不作努力，终将一事无成。天才就是勤奋。正如爱迪生所说："天才是百分之一的灵感，加百分之九十九的汗水。"努力要有自信作动力，一个人不相信自己能成功，没有明确的奋斗目标，又无坚强信念，就不可能作持久努力。努力在心理学上主要表现为意志努力。意志努力必须自觉地确定目标，下决心努力克服困难，去达到目标。工作、学习中要取得成功，都要下决心克服困难，要积极思考，克服思维上的惰性。刻苦训练，就必须克服体力疲劳、情绪低落、技术难度等困难。赫尔岑说："如果缺乏努力和意志，如果不肯牺牲和劳动，你就会一事无成。"要成才必须要有顽强、坚持不懈的意志努力。中国女排所表现出的顽强精神，是她们平时刻苦顽强训练的结果。意志行动有下决心和克服困难的两个重要阶段，下决心是意志努力的动员过程，它与奋斗目标的确立程度及内在愿望强烈程度有关，也与自信程度有关，克服困难是意志行动重要过程，克服困难的努力程度和下决心程度有关。

第五节　辽宁省竞技体育优势项目优秀运动员成才规律

一、运动才能萌发规律

人的运动才能，存在着一定的先天性。儿童少年时期，存在着萌发期和运动素质敏感期。在这期间，进行系统的科学锻炼，必能使其运动潜能得以充分发展；错过萌发期和运动素质敏感期，则随着时间的推移，其先天性潜能呈递减趋势，训练效果减小。萌发期与运动素质敏感期是遗传的一种体现，时间性很强。由此，对优秀运动员的培训，必须从小抓起。实际上，人的运动潜力得以充分发展达到其天赋的最大可能性者，是极罕见的。其中一个重要原因，是没能科学地掌握萌发期和运动素质敏感期这个关键阶段，从而使先天的运动潜力，难以充分地发挥。

二、运动才能增长规律

运动才能的提高程度，与有效的运动负荷的积累，训练科学化程度，受训者的自觉程度，以及儿童少年时期奠定的技术基本功和全面的身体素质基础的宽实程度，在一定的域值内成正比。

三、扬长成才规律

各个运动项目对人体的要求，有所不同。运动潜人才由于天赋素质与后天实践的不同，形成质的多样性和量的差异性。只有善于注意反馈信息，扬长避短或扬长避短地定向，使其最佳的运动潜能得以充分发展的前提下，由潜入显，才能成才。

四、聚焦成才规律

在正确定向，依据自己的最佳才能、选准目标的前提下，需要精细地过滤信息，集中精力，力争突破。只有聚焦，才能形成突破性的能量，才能攀登运动技术高峰。从育才角度探索，运动人才必须是具有运动专项特长的德智体全面发展的人才。运动人才成于专而毁于杂。选材上不可求全，优秀运动员往往是偏才。育才也只能聚焦，把提高专项成绩放在突出位置。神不二思，心不二用，专心致志，志在必成，方能有成；齐头并进，难以育出登临高峰之才。

五、协调成才规律

运动潜人才的成长，是处在多因素相互依赖、相互制约的开放系统中。需要主客观协调一致，即目标选择与实现目标一致，实现目标所需德才条件均与自身素质一致，外部机遇与内部捕捉机会能力一致，运动员与教练员及主要有关人员协同一致。通过协调成才的"途径"与"节奏"，在科学训练的同时，积极地不断地认识、适应和利用环境，才能获得成功。

六、竞赛成才规律

运动人才是在人与人相互配合相互对抗中锻炼成长的。运动技术本身就含有大量的配合性与对抗性。只有通过竞赛实践，才能获得与掌握运动技术。因此，竞赛是运动人才成长的一条必由之路。运动人才是在激烈的竞赛中拼搏出来的。攀登高峰的目标，只有通过竞赛才能实现。竞赛是运动人才提高的动力，缺乏竞赛实践，运动提高的体现就失去了目标。

七、曲折成才规律

运动潜人才是在胜利与失败相互交叉中成长的，而且逆境往往多于顺境。能在逆境和曲折中自强不息知难而进，从而通过实践获得特殊的意志品质和战胜困难的能力，是成才必由之路。

八、新陈代谢规律

运动人才耗散性、延续性、时间性强，新陈代谢快，更替周期短，但选才育才却难度大，时间长，要求一代更比一代强。因此，选材育才工作必须做到新手优于现有选手，主动地搞好前后梯队的衔接。稍微放松，必然青黄不接，甚至一代更比一代弱。

九、运动技能反馈规律

运动员的自觉训练，是对来自运动感觉的效应信息，自我进行加工和校正的过程。善于在心理反馈参与下进行运动技能反馈练习，将自身动作效应信息反馈到大脑自我调节，控制技术动作，是运动员迅速地、独立性地掌握运动技能必由之路。

附：王军霞成长历程

当她在天空升起时，世界上诸多"长跑女星""长跑女皇""长跑皇后"统统黯然失色了。五大洲的新闻传媒，送给她一系列美称："田坛奇才""田径魔女"……而最令人喜欢的莫过于亚特兰大奥运会后人们给予她的称呼了："东方神鹿"！

王军霞是大连姑娘，大连人说起王军霞会竖起拇指：这是咱渤海湾畔美丽的梅花鹿。在辽东半岛的海滨城市大连甘井子区大连湾前盐村至今还住着她年届花甲的父亲王有馥和母亲崔维香。很少人知道，王军霞是1974年1月16日在吉林省蛟河县白石山镇夹皮沟村边的一间茅草盖顶的土屋降生的。

身为苏北女子的母亲轻巧灵敏，走路像风一样，村里人都说她走路似跑，王军霞这位从小恋着妈妈的娃儿一学会走路就跟在妈妈的屁股后面摇摇晃晃地乱跑，跌倒了再起来，从小就有种不怕苦不服输的精神。1981年王军霞进入了夹皮沟小学，父亲立下誓言：不论是儿是女考上哪一级学校都要供到毕业，家里再困难，砸锅卖铁也要让孩子读完书。为了让女儿重视读书，开学那天父亲郑重地亲手把书包交给王军霞，让她背上书包又亲自送她上学。活泼开朗的王军霞每天哼唱着刚刚学会的歌曲蹦蹦跳跳上下学，回家后她首先会完成家庭作业，复习功课从不偷懒。一个学期下来她名列三甲，当上了学习标兵，受到了老师的表扬。最让父亲提气的是学校举办运动会，王军霞每次赛跑都是跑在最前面，全场人都为她摇旗呐喊，为她加油，父亲也跟着为女儿加油，脸上格外有光。而且每次王军霞都能获得的一摞笔记本，一把铅笔，足够她一年用的，还送给别的同学。

9岁的王军霞从出生地吉林夹皮沟回到了大连老家，插进了村小学三年级，在体育老师的启发下，懂得了在平时进行长跑训练，夏天清晨5点王军霞总要在沙滩上跑上1h，冬天每天六点起绕着村子跑二三千米，母亲问"你每天跑步干啥？"王军霞回答"赛跑时争第一呀！"四年级的王军霞参加了高学组的长跑比赛，跑到终点时把大同学拉下了整整两圈。刚从夹皮沟搬回来家境不好，但善解人意的父亲给买她买了双运动鞋，她懂得父亲的期待并在心中埋下一颗理想的种子。不久父亲买了台黑白电视机，迷上长跑的她抢着看体育节目尤其是她最爱的长跑。看到电视上领奖仪式时总是升起外国国旗，有一次军霞对父亲说"我们中国人怎么跑不过他们呢？我长大了要超过他们！"父亲情不自禁地给女儿鼓劲儿："想当个运动员就要有这个志气。"

1987年，品学兼优的王军霞考上了大连市第68中学，在校运会参加1500m比赛后被体育老师庞厚看上，很快将她吸收进学校运动队，并在课余时间带王军霞开始了较为正规的田径训练。庞老师对她说："好好练吧，你是个长跑选手的材料！"1988年，一年一度的大连市中小学田径运动会即将举行，庞老师极力推荐王军霞，她告诉了父亲，父亲立刻放下手中的活儿说："好啊，你若是去市里比赛，我就先不忙下海了，到市里给你助阵。"但好事多磨，由于学校经费不足，所以打算放弃这次比赛了。"庞老师，你不能再争取争取吗？"王军霞一脸焦急地说，但老师很无奈。回家她扑在父亲温暖的怀抱里，忍不住哭泣起来。王有馥为女儿擦干了眼泪说："别急，明天上学我领你找学校领导去！"第二天他放下手中的活计来到学校，找到校长孙文正说："这样吧，军霞参加运动会的一切费用我们自己负担，虽然我家不富裕，但为了培养孩子，这钱还是该拿的，请学校给她报个名吧！"最终，两位关心王军霞长跑的人把王军霞送上了赛场。王军霞在这次运动会的女子1500m比赛中轻松取得第1名，把第2名落下30多m。这次运动会上，大连体校教练王时忠看中了王军霞。1988年10月，15岁的王军霞进入了大连体校，投到教练王时忠的门下，揭开了实现自己梦想的序幕，当时她14岁。

王时忠回忆1988年9月这次比赛时说："……后来我才知道，王军霞比赛前报上名，但学校没钱参加，是她爸爸到学校找校长争取到的机会，她爸爸把王军霞推出来了。要不是那次比赛，世界冠军被埋没了一点也不奇怪……"

王军霞从父辈那里承袭下来吃苦耐劳的性格，训练时虽然不声不响，却肯动脑筋，分外刻苦。训练场上，起跑命令发出后，脑筋机灵的王军霞却常常不立即起跑，等大家跑出后她才起跑，而奔跑中追上大家一齐向终点冲刺；在运动场地训练时，她总是选择跑外圈，却要与队友齐头并进，故意给自己加大训练难度。辛苦的训练，她也曾想停下来过，但为了达到教练的要求，她一直坚持完成训练任务。训练能量消耗，需要加强营养，但家庭生活并不宽裕，使王军霞常为营养费用不足而蹙眉。但她"穷且益坚，不坠青云之志"，贫寒使她养成了朴素生活的习惯，成了她奋发进取的源泉与动力。在她最漂亮的一页日记上，她明确地记下了奋斗目标：要拿全国第一！朴素、刻苦、乐观、奋发的学习生活，使王军霞在大连体校时的成绩提高很快，她入学时专项1500m成绩为4分51秒，1989年，她到威海集训时，成绩已达到国家一级运动员标准4分28.1秒。

王军霞以体校师生眼中"好学生"的形象在大连体校整整学习了三年，1990年上二年级的她随体校田径队的同学到徐州训练基地进行冬训，这时她的1500m成绩已达4分25.9秒，接近国际健将水平。1991年5月，全国城市运动会预选赛上，慧眼识珠的马俊仁特意关注了一下王军霞4分22秒的成绩，当时就认为她是个好苗子。1991年10月，王军霞结束了在大连体校的学习与训练，来到了辽宁体育运动技术学院，来到省田径队马俊仁教练麾下，这时她17岁。教练王时忠在她的运动员训练评语中写下了最后一笔：该队员训练刻苦，意志品质顽强，训练目的明确，有很强的事业心。今年参加全国城运会，成绩又有很大提高，已达到健将水平。在王军霞自己的总结中写道：能够刻苦训练，跟教练的计划与意图走，与教练默契配合，当自己身体反应极大时，主动找教练说明自己的情况，做适应的调整……她感激在体校几年中教练给予的苦心教导，当她告别教练时，向王时忠教练深鞠一躬。

进省田径队就标志着正式成为国家运动员，父亲又一再叮嘱女儿到省里要好好练，争取为家争光。王军霞千应万诺，一个劲儿地说请父母放心。人才成长总不是一帆风顺的，在入省队的第一项检查时，她由于身体转氨酶过高的问题被送回了大连。失望和焦虑使她两眼充满了泪水，她强忍着，没让那泪珠儿滚落。她问马教练："我还能回来吗？""回去观察一下再说……"当她转身离开马教练时，眼眶中的泪水不断线地滚落下来，长这么大，她是头一回这么委屈，这么失落。回来后，谭冰校长用了个"敲山镇虎"的策略，"将"来了马俊仁，其实马俊仁也不舍得放弃王军霞这个好苗子。一波三折后，王军霞又被马俊仁带回来，这次也请来父亲王有馥。"老马啊，军霞这孩子从小就爱跑爱跳，一心想当个运动员，为国争光，你可要扶持她呀……"王有馥掏心窝地请求马俊仁，并且信任地对马教练说："马老师，我把女儿交给你了，你怎么治怎么练都没意见。"他还给马俊仁留下500元钱，作为配合田径队给女儿治病的医疗费。

按捺不住的王军霞终于参加了训练，初到马俊仁麾下，她用自己的成绩得到了马教练的青睐。1992年3月，在美国东波士顿举行世界青年越野锦标赛上，她荣获第二名，第一次出国就一炮打响。但她看着国外选手脖子上挂着的金牌，她双唇紧闭，暗下决心："要从外国人手里把金牌夺回来！"

马俊仁带领队员在高原基地进行大运动量训练和专门心理训练，让队员们记住："学英雄见行动！""不成功便成仁！"在运动场上马俊仁对队员严厉到近乎苛刻，但实际上这个关东汉子的胸膛里揣着一颗不熄的火种，他有更多的温暖与爱意。1992年9月，在韩国汉城世界青年田径锦标赛上，王军霞获得了女子10000m冠军；同年，又在第7届全国运动会上打破10000m世界纪录。马家军准备参加1993年全国马拉松比赛，从以前800~10000m的中长跑改为跑马拉松，为准备这次比赛，马俊仁带着弟子们在当年的训练时间达363天，全年人均训练量达到8000km，月最大跑量超过1000km，远远超过当今世界优秀中长跑运动员的跑量。1992年10月14日起，马教练带他们到辽北山西区丰鹿场进行更加艰苦的训练，王军霞在集训期间训练量超过了男子马拉松训练的长度，但马教练还要给她"加码"，让她单独进行蛇形曲线跑，不许她掉队，同伴都心疼她，她却从未叫过苦，她深深领会教练的意图与苦心。英国作家狄更斯说过："顽强的毅力，可以征服世界上任何一座高峰。"

1993年4月4日全国马拉松比赛开始了，王军霞心想：一定要把浅丽纯子手里的亚洲纪录夺过来！她也感觉到这似乎也正是教练的意图。最终她以2小时24分7秒夺冠，打破了亚洲纪录，也是国际马拉松女子最好成绩的第五名。在接受采访时王军霞不假思索地说："下一个目标是1994年的亚运会上夺金牌，1996年奥运会上拿奖牌。"

1993年8月19日的斯图加特世界田径锦标赛上，她以30分49.3秒的成绩打破了10000m的世界青年纪录。江泽民同志对马家军的成功经验进行概括，是"坚忍不拔、锲而不舍、艰苦奋斗、勇攀高峰"16个字。

从斯图加特回国后，王军霞的目标就是在第7届全国运动会上创造奇迹，打破世界纪录。马教练鼓励队员们说："再高的记录不也是运动员的两条腿跑出来的吗？"9月8日10000m决赛中，王军霞以29分31.76秒打破了沉寂整整7年的女子10000m纪录，一举将女子万米纪录提高了41秒96，这在田径史上是罕见的，筑起人类田径史的新高峰。当记者提问"打破世界纪录后，你要做的第一件事是什么？"的时候，王军霞不假思索地回答："我要做的第一件事是把金牌挂在马教练的脖子上！"

9月11日，王军霞和曲云霞在1500m决赛中双双打破了保持了13年的世界纪录。3分50.46秒，曲云霞首先冲过终点，3分50.92秒，王军霞名列第二。在女子3000m预赛中马家军5位小将以身形功夫转瞬同超3000m世界纪录，王军霞以8分12.19秒超出世界记录10秒多。第二天3000m决赛王军霞上奏出一曲千古绝唱,直上云天! 8分06秒11又提前了6秒。赛后采访王军霞讲下豪言:"我们要去拿马拉松冠军!"

第7届全国运动会结束后,马家军又投入了艰苦而严格的训练,为了不影响王军霞训练和参加比赛,父亲对女儿隐瞒了哥哥去世的噩耗,他跟教练说:"马教练,这事儿我不想告诉你们,怕影响你们的训练,影响小霞的比赛啊!"第7届全国运动会上王军霞三破世界纪录,并举世皆惊,她打电话回家,家中老人忍痛祝贺,仍守口如瓶。经历了无数心酸与坎坷,克服了无数的阻碍和艰难,她站在世界冠军的多个领奖台上。在第4届世界马拉松女选手比赛中,王军霞以2小时28分16秒第一个用汗湿的前胸撞上终点线。

巨大的成功迎来巨大的荣誉,当选"双十星"女明星之首,荣获全国"三八"红旗集体荣誉称号、1993年全国田径十佳运动员称号、杰西·欧文斯奖……她的微笑涵盖了一条曲折、艰辛又充满荣誉的成功之路。

参考文献

[1] 陈京辉,赵志升.人才环境论[M].上海:上海交通大学出版社,2010.

[2] 田麦久.运动训练学[M].北京:人民体育出版社,2000.

[3] 陈兰波.我国优秀篮球运动员的成长与培养[D].苏州:苏州大学,2006.

[4] 耿永昊.广东省优秀皮划艇运动员成才规律的研究[D].武汉:武汉体育学院,2009.

[5] 祖伟.从欧文斯奖获得者看优秀田径运动员成才途径[J].天津体育学院学报,2003,18(4):83-85.

[6] 崔清芬.体育运动人才成才之道[J].武汉体育学院学报,1989(7):87,88.

[7] 丁英俊,阎华,等.我国历届十佳运动员成才背景透视[J].中国体育科技,2000(1):30-32.

[8] 李敬辉,王国飞.浙江省全国运动会优势项目特征的巴雷托分析[J].哈尔滨体育学院学报,2010,28(1):28-32.

[9] 叶忠海.人才成长规律和科学用人方略[J].中国人才,2007(3):31,32.

[10] 孙克诚,杨学军.影响我国田径运动员成才的因素[J].中国体育教练员,2005,48(1):32,33.

[11] 华彬.我国优秀举重运动员成材的年龄特征[J].体育学刊,2007(14):

103-106.

[12] 何江海.中国男子游泳成才规律的研究与分析[J].体育科技,2005,26(2):27-29.

[13] 张洪宝.我国女子羽毛球运动员系统化训练与成才规律的探讨[J].南京体育学院学报,2003,2(3):7-9.

[14] 蒋叶飞,吴黎.我国高水平击剑运动员成才规律分析[J].体育科技文献通报,2009(6):26-28.

[15] 闫瑞华.广西少年田径运动员成长因素的现状调查与对策分析[D]桂林:广西师范大学,2008.

[16] 汪康乐,邰崇禧.论情感智力对优秀运动员成才的作用[J].哈尔滨体育学院学报,2001,19(4):22-24.

[17] 刘颖,牟向东,等.辽宁省竞技体育优势项目的历史演变及特点研究[J].广州体育学院学报,2006,26(5):26-28.

[18] 赵传杰,蒋叶非.我国击剑奥运选手成才训练过程的时间特征及其影响因素[J].北京体育大学学报,2007(3):183-185.

[19] 陈兵,田麦久.我国奥运选手成才训练过程的时间特征[J].北京体育大学学报,1994(3):70,71.

[20] 徐伟军,李英奎,等.我国优秀武术套路运动员成才过程时间特征的研究[J].北京体育大学学报,2007,30(6):721-723.

[21] 孙玉堂.世界优秀男子田径运动员的年龄特征[J].体育学刊,2001:9.

第三章
辽宁省竞技体育优秀教练员成才的多因素分析

第一节 竞技体育优秀教练员成才因素综述

近年来，我国的体育事业蓬勃发展，不管是竞技体育，还是全民体育活动，都开展得生机勃勃。特别是北京在2008年成功举办了第29届奥林匹克运动会，大大提升了我国在世界体坛的影响和地位，也极大地推进了我国全民体育事业的进步和发展。有学者指出："一个国家能培养出多少世界冠军，首先在于他们能够拥有多少个具有世界水平的教练员。"可见教练员在运动场上的主导作用。我国多年的运动训练实践表明，一个优秀教练员不仅可以带出一批出色的运动员，也会培养一批优秀的教练员。这种现象在经济学上称为"乘数效应"。21世纪世界各国之间的竞争，实质是人才的竞争。马克思主义历来认为，人才是生产力中最活跃、最有价值的因素，是世界上最宝贵的、最有决定意义的资本。当今世界体坛竞争加剧，其核心是优秀人才的竞争，不但是数量上的竞争，更重要的是质量上的竞争。体育人才是促进一个国家体育事业发达的重要因素和骨干力量。本书认为成才就是个体从普通人到人才的过程。有人说教练的水平代表了一个国家竞技运动的发展水平，此话很有道理。教练员的主导作用在比赛中是至关重要的，一个教练员水平的高低，就基本上决定着他所训练的运动员水平的高低。

教练员是训练过程的主要设计者，是训练活动的主要组织者，同时也是训练管理工作的重要决策者，他在运动员长期的训练过程中具有举足轻重的作用。教练员是竞技体育的核心人才资源，教练员队伍的素质决定了竞技体育发展的整体水平。高水平的教练员是保证运动员在世界大赛中取得优异成绩的前提条件，教练员执教水平的高低直接决定着运动员运动水平的高低。目前关于优秀教练员的研究多集中于优秀教练员的培养机制、优秀教练员的现状、教练员的各方面素质等。优秀教练员培养是训练工作的重要组成部分，建立一支高水平、高素质的教练员队伍已经成为加强运动训练的一个重要环节。做一名优秀的教练员，首先要有强烈的事业心、责任感和荣誉感，还要有坚定的信念，有信心、决心和忘我的精神；有相当的专业职能和技能，既要继承优良传统，也要开创新思路，勇于创新，突破传统，了解运动员的思想状况和技术能力，善于调动运动员发挥特长；要有威信，具备相当的组织能力和凝聚力。通过本书的研究，希望能探究出影响辽宁省优秀教练员成才的多种因素。

一、成才的相关概念

人才是讲结果，成才是讲过程。金宏章认为成才就是指个体在其成长历程中，在社会及他人的教育、培养下，在环境的综合作用下，在自身主观努力下，在德、识、才、学、体诸方面的发展进步过程和由此所达到的一定水平。人本主义心理学家卡尔·罗杰斯认为创造性是个体成才的本真表现。吴边认为所谓"成才"，就是指主体自身的先天素质为起点，在一定环境的影响下，经过教育的培养和实践活动的锻炼，其素质不断提高，从而逐步达到优化状态，实现成才目标的过程。黄镇敏认为，在一定条件下，以成才为目标的创造实践中，其有效的劳动量达到必要的水平，则个体必然成才。人才的层次水平与其掌握科学方法的层次以及有效劳动量的多少成正比。

二、教练员的能力素质研究

李小平的《从胜任角度分析我国奥运金牌教练员能力特点》选取了具有代表性的四位奥运会金牌教练员李永波、陈忠和、孙海平、马俊仁，从胜任能力的角度进行研究。研究表明：对于教练员应该具备的能力可以划分为显性能力和隐性能力两大部分，显性能力因素是基准性能力因素，但是无法把优秀教练员从表现平庸的教练员当中区分开来，隐性能力是鉴别优秀教练员的关键因素，教练员拥有较强隐性能力，才能在以后的训练工作中取得优秀的成绩，成为一名优秀的教练员。李风琴在《培养优秀教练员的因素分析》中概括优秀的教练员须具备良好的学习、创新、专项训练、合作、科研、管理等能力。宋志强在《浅析优秀教练员应具有的基本素质》中认为：中国竞技体育能跻身世界体育强国之列，与其有一批杰出的优秀教练员有关，他们为祖国的体育事业，呕心沥血，废寝忘食，立下了不朽的功勋。他概括出优秀教练员应具有职业素质、知识素质、能力素质等。杜传喜、王春雷在《优秀体操教练员应具备的素养》中说：体操作为我国体育的优势项目，为国争得了荣誉，但成功的背后总有一个支撑体系的支持，而教练员则是这个体系的核心。教练员必须先保持强烈的敬业精神，教练员的工作是一个庞大的知识体系，创新能力是体操教练员工作的灵魂，优秀体操教练员还应具备持之以恒的信心和爱心。教练员应当有强烈的事业心和明确的奋斗目标，教练员应具备强烈的自我意识和责任感，教练员的意志特征、教练员的情感特征都是成功的重要保障。多年的实践证明、教练员在比赛关键时刻的应激反应不亚于直接参加比赛的运动员。因此，教练员的情绪波动不仅会削弱运动员的适应能力，更主要的是会给运动员提高成绩造成不良的影响。郭庆兵在《优秀教练员必须具备的"十心"》一文中说：教练员的任务就是率领全队夺取比赛的胜利，为此教练员要做大量的工作，并有针对性地进行技术、战术、身体、心理、思想教育等各方面的准备。要顺利完成这项艰巨而又细致的任务，则必须具备十个方面的基本素质：热心、耐心、细心、专心、狠心、爱心、信心、虚心、公平心、进取心。王刚、陈鸣、单颖在《我国优势项目优秀教练员成才过程的探讨》一文中，研究出能够从优秀教练员成才过程中探索这方面某些带有规律性的东西，这也是训练实践提出的迫切要求。《从胜任角度分析我国奥运金牌教练员能力特点》《从制度层面分析我国奥运金牌教练员的选拔——以3位奥运金牌教练为案例分析》《从案例分析看我国金牌教练员的选拔制度》都提到：一个世界冠军、奥运冠军是否就一定能成为优秀的教练员？这个问题并没有确切的答案。目前我国高水平运动员退役后直接过渡到教练员的占了40%左右。未来的教练员应该不再靠自身的体育成绩和自身运动经验来指导运动员的训练工作，而是更多地依靠体育科学理论知识的学习。只有通过科学的体育理论的指导，在充分地掌握了运动员的心理、生理方面知识，提高运动员的业务技战术水平同时，才会将更科学的方法融入到训练中去。戴显鹏的《辽宁省高水平教练员创新能力研究》以辽宁省高水平教练员怎样培养创新能力为主要研究脉络，从理论和实践进行研究和分析，探索了培养创新教练员的要素、教练员应具备的创新素质、目前存在的问题、解决问题的途径等，为辽宁省竞技体育的可持续发展做出自己的贡献。著名教练员蔡振华结合中国乒乓球队的工作实际情况指出，作为教练员必须做到：①要挚爱事业，有敬业精神，有高度的责任感、使命感。②为运动员树立良好的形象，以身作则，成为运动员的榜样。③对运动员要有爱心，多关心运动员的日常生活。在训练中要"从严"，有意设置"障碍"来磨练运动员的意志。教练员不能不讲原则，对待运动员既要体现爱心，又要讲究原则。④针对运动员的不同性格特点，采用不同的方法。

彭飞的《优秀教练员的精神和心理素质浅析》中总结优秀教练员应具备的精神素质有冒险精神、创新精神、敬业精神、竞争精神；应具备的心理素质包括洞察力、直觉能力、勇气、自信心、感召力、意志力等。叶宪清指出，各国近年来对教练员的心理素质越来越重视，运动水平越来越接近竞赛。Mamassis和Doganis认为，心理因素对竞赛的胜败往往起决定性作用，教练员心理训练因此被广泛运用，各种心理训练方法不断出现。Orlick认为影响教练员训练与场上的表现，主要心理过程是受到心智成熟的影响。亦即教练员的经验与本身成熟度，影响运动员平时的训练与场上表现的稳定度。教练员在比赛时，必须调整自己不怕失败，比赛时不会患得患失，能够以轻松的心情应战而且要专注，完全自我管理并随时保持自信心，心理沉着还要对比赛保有乐趣，如此表现才能流畅，这个调整与管理即所谓心智训练。优秀教练员在现代竞技体育中，是善于训练及竞技的组织者。

三、教练员的培养机制研究

柳建庆的《中国与欧美教练员培养机制比较研究》一文中：我国在教练员培养中不断探索，也取得很大进步，但与欧美体育强国相比还是有一定的差距。《我国优秀教练员应具备的基本素质的再审视——兼议我国教练员的选拔机制》一文中通过比较发现我国大部分教练员的执教能力与美国教练员的执教能力有一定的差距。

综上所述,以往文献从不同的视域对我国选拔优秀教练员的相关研究、优秀教练员的素质能力研究、优秀教练员的行为研究、教练员现状的研究、影响教练员的因素等多篇文献进行深入探讨,构建了丰富的理论体系,对优秀教练员的成才起到了积极的作用,并对存在的问题提出了相应的合理建议。但是,对竞技体育优秀教练员成才的研究文献甚少,缺乏影响成才因素的系统指标,如果做到这些将会有利于培养竞技体育后备教练人才,使其能尽快担当起辽宁省级运动队教练员的重任。

第二节 辽宁省竞技体育优秀教练员的现状

一、教练员的年龄

本书所调查的辽宁省优秀教练员的年龄结构体现了教练员队伍的梯队结构基本平衡,从图3-1中可看出31~35岁的年轻教练员占9.4%,36~40岁的教练员占21.9%,41~45岁的教练员占31.3%,46~50岁的教练员占21.9%,50岁以上的老教练员占15.6%。理论上说,合理的教练员梯队应该是老教练员不宜太多、年轻教练员也不应该太多、中年教练员应占主要的比例,这样形成有层次的梯队结构,保持教练员班子的稳定性。从数据上看优秀的年轻教练员偏少,年龄群体结构不均衡,而15.6%的老教练员却还在坚持执教,在训练岗位上兢兢业业,他们本应该好好享受退休的生活,但目前却仍在为辽宁省竞技体育的事业无私奉献。从合理的人才结构来看这种年龄结构分布对辽宁省竞技体育教练员比较有利,使辽宁省竞技体育得到长远发展。

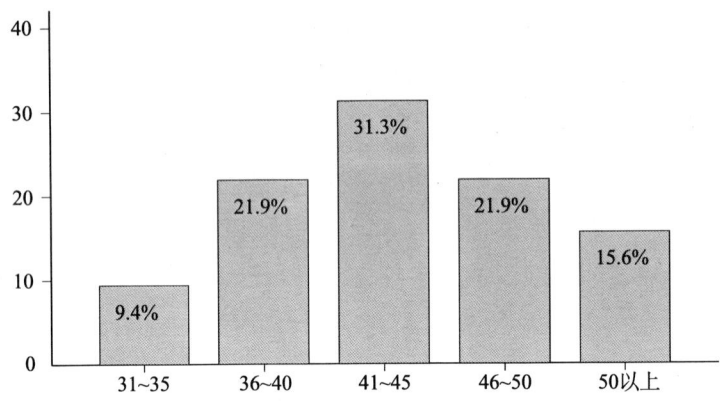

图3-1 辽宁省竞技体育优秀教练员的年龄情况

从图3-1中的年龄结构看,辽宁省竞技体育优秀教练员所体现出的特点是:年轻教练员虽然比中年教练员所占的比例少,但是这种结构较稳定。赵红洲曾经调查了1249名优秀的杰出科学家,所调查的科学家们取得重大科学成果的峰值年龄为37岁。以这些研究作参考依据,无论什么样的人才,在37、38岁他们取得最大的成就不是偶然的,在这个时期的观察力、记忆力等都达到巅峰时刻。由此看来辽宁省竞技体育教练员队伍比较合理,体现出人才梯队的结构较平衡,但也应加强年轻教练员责任感的培养,在最短的时间内全面提高他们的综合素质。

二、教练员的学历

辽宁省竞技体育优秀教练员的学历大学本科的有78.1%,本科学历的占大多数;研究生及以上学历的占18.8%;而大专学历的只有1人,占总数的3.1%,由此可见基本上都是大专及以上的学历(图3-2)。多年来,我国已形成独有的培养竞技体育人才体制,在这种体制下,没有系统的对文化知识学习进行规划,使运动员应该接受文化知识的时候却在进行专业训练,所以导致运动员成为教练员时,缺乏文化知识基础。1985年国家体委发出关于教练员和优秀运动员学习科学文化知识的规定,该规定第一项明确提出"今后未取得大专学历的在5年内要进行脱产学习,如果5年之内还未取得大专学历,就不能当教练员"。所以,这一政策迫使教练员必须取得相应的学历，作为教练员也可以通过函授、自学等其他方式进行学习，这样普遍提高了教练员的学历。

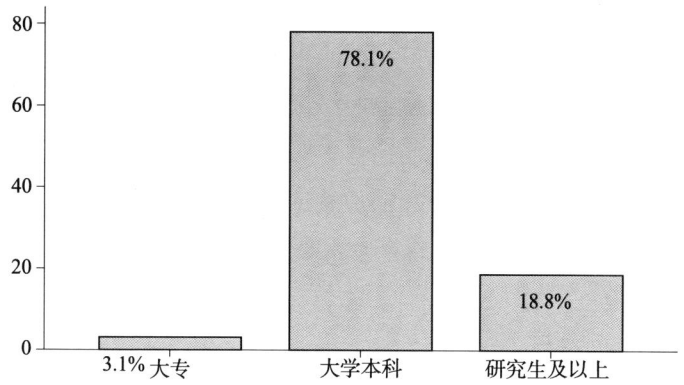

图3-2 辽宁省竞技体育优秀教练员的学历情况

在竞技体育领域，有这样的认识：一名能力全面优秀的教练员可以带出一批优秀运动员；反之，水平不高的教练员完全可以毁掉一批人才。拥有知识和智慧的人才，是训练和创新的前提，也是体育运动水平的有利资源。总之，培养优秀教练员首先必须提高教练员的文化素质，培养素质高的优秀教练员也是竞技体育先要解决的问题，由此可看出，学历教育仍需加强，这也是培养高素质优秀教练员的重要环节。在20世纪80年代出现中国优秀教练员关于学历水平方面有所提高，调查的优秀运动队达到中专学历教练员的占73%，而10年前的美国和德国的教练员大专占100%、苏联的占80%，通过这个数据可以看出差距。在学历教育的同时，要借鉴发达国家的经验，充分利用体育院系的条件，20世纪80年代后期开始试行教练员岗位培训制，这也是想要晋升职称的教练员必须取得相应级别的岗班。

三、教练员的职称

我国体育教练员的职称等级分为国家级教练员、高级教练员、一级教练员、二级教练员和三级教练员。还可以这样划分：高级教练员和国家级教练员为高级，一级教练员为中级，二、三级教练员为初级。

本书所调查的辽宁省教练员职称情况如图3-3所示：其中占比重最大的高级教练员为53.1%；国家级教练员所占比重为25%；一级教练员所占比重为21.9%。同时在与专业队教练员进行交流时，有些教练员认为，辽宁省也有一部分优秀的老教练员，在队中担任的是助理教练，他们主要协助年轻、有发展前途的教练员让他们尽快成长。在竞技体育领域中，无论是对训练计划的执行还是在临场比赛中对全队的命令指挥，都是由主教练员起决定作用，这也是主教练和助理教练的分工不同。可见辽宁省的优秀老教练员一直为辽宁省竞技体育默默奉献。

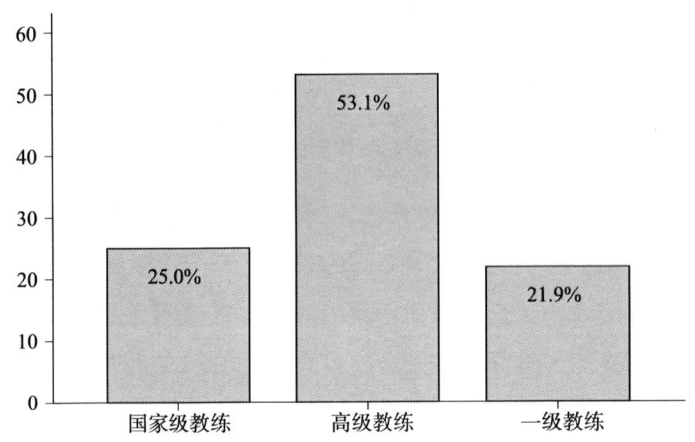

图3-3　辽宁省竞技体育优秀教练员的职称情况

四、教练员的科研能力

发表论文是辽宁省竞技体育优秀教练员的科研表现方式之一，有的教练发表论文的目的是为了提高训练，达到训练与科研的结合，有的是为了提高素养。多数教练怀着强烈的事业心，结合教学训练，积极从事科研工作。竞技体育的发展在21世纪将更加注重的是全面型、科研型的教练员，教练员要有较高的综合素质，训练要有科学的方法，用专业的理论知识解决训练中遇到的问题；如果只靠以前沿袭下来的经验指导，有可能跟不上竞技体育的发展速度。从表3-1中可看出，发表3~4篇论文的教练员占37.5%，1~2篇、7篇以上的各占21.9%，这对于教练员来说，这种分布是合理的。教练员在训练队员的同时还抽出精力来发表论文,潜心科研,这种精神是难能可贵的。在调查中通过访问发现,有些教练员发表论文也是迫于晋升职称的压力。

表3-1 辽宁省竞技体育优秀教练员发表论文情况（N=32）

论文篇数	1~2	3~4	5~6	7及以上
人数	7	12	6	7
比例（%）	21.9	37.5	18.8	21.9

训练和科研相结合,最关键要看教练员和科研人员能不能默契配合,合理有效地把科研人员和教练员相结合,共同为竞技体育的发展服务,这是教练员也是科研人员的重要任务。

五、教练员的岗位培训

竞技体育教练员岗位培训其实也是体育教练员继续教育的一种形式,主要是以提高教练员训练指导方法、临场指挥能力、统筹全队水平为目的,依照不同项目的技术等级要求实施的教育活动。在我国已形成了以学历教育为基础,教练员岗位培训为重点,促进教练员继续教育为目的的培训体系。在20世纪80年代之后,我国开始规定教练员必须取得一定级别的岗位培训资质才可以晋升职务。随着我国教练员岗位培训制度的建立,我国教练员队伍有计划有目标地进入继续教育的轨道。岗位培训制度的建立,是教练员培训工作改革的产物,适应了体育管理制度的改革要求。

年轻教练员在上岗前参加岗位培训是辽宁省竞技体育教练员增加知识信息和交流经验的机会。通过调查发现：辽宁省竞技体育优秀教练员参加过岗位培训的占81%,并认为可以对教练员自身能力有一定的影响（见图3-4）。辽宁省优秀教练员参加过中级培训的占22%,参加过高级培训的达到一半,参加过国家级培训的占28%（图3-5）。本书所调查的辽宁省竞技体育教练员对岗位培训比较重视,希望在今后的工作中,多开展"传经送宝"的岗位培训。21世纪现代竞技体育的发展日

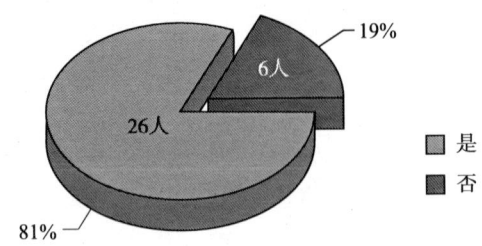

图3-4 是否参加过岗位培训

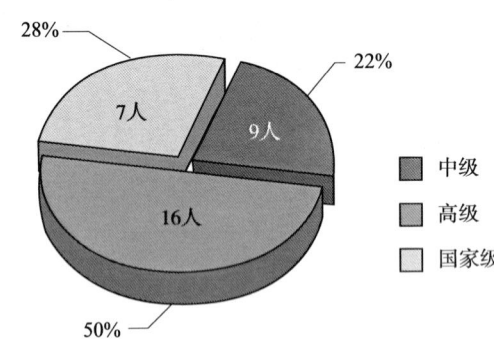

图3-5 辽宁省竞技体育优秀教练员参加岗位培训的级别情况

益加快,通过在校学习、函授等"一次性教育"获得的知识已经不能适应当代竞技体育的要求。因此,辽宁省竞技体育优秀教练员应培养"终身教育"的思想,"活到老,学到老"。培训活动力求为提高各级教练员的业务水平创造更好的机会和条件,使他们尽快提高自身的能力和素质。

辽宁省教练员的岗位培训对提高教练员能力产生了一定的作用(见表3-2)。调查显示:教练员认为作用一般的占28.1%,作用较大的占34.4%,作用很大的占37.5%。这些数据反映出大多数辽宁省教练员对岗位培训还

表3-2 岗位培训的作用(N=32)

	作用一般	作用较大	作用很大
人 数	9	11	12
比例(%)	28.1	34.4	37.5

是有一定认识，基本都能在岗位培训中得到学习新知识的机会，并能认真对待、好好把握。知识、技能、方法是竞技体育特有的属性，在现代竞技体育领域中的体育知识、体育技能与训练方法不断地更新，形成了"只争第一"的指导思想，所以现代竞技体育人才的体育知识结构需要不断地提高，适应新时代下竞技体育发展的要求。中国的教练员往往是由从事该项目的优秀运动员退役直接转为教练员的，很多人没有经过正式培训就上岗了。大部分教练员都是在上岗以后补上的学历，这不利于竞技体育运动知识和技能的更新，这也是学历教育和培训结合不足的一种表现。另外，具有学历教育的教练员如果教育程度低于从事职业所要求的水平，虽然有相应的培训，同样也会表现出学历教育和培训结合的不足。当前中国竞技体育人才学历教育体系没有得到充分利用，导致学历教育与岗位培训在一些人才身上出现了脱节，一些竞技体育人才的专业学科基础不扎实。如2000年3月在济南的中长跑、马拉松国际研讨班上，一名中国教练对赛前的第6、5、4天只吃肉不吃饭；比赛前3天只吃饭不吃肉可以提高比赛能力的询问，引起了众多教练的大笑。最终虽然得到了恩里克先生的圆满回答，但这件事情凸显了一个现实，即很多中国教练员基础知识的不足。

六、教练员的运动经历

一个运动项目水平的提高，关键是教练。教练的执教能力、训练效果的好坏，不仅取决于其对专业知识的掌握，在很大程度上还取决于他们的比赛经验。一位有过运动经历的教练员，更容易理解运动员。一般来说，教练员精通业务技能，有较强的管理能力就能带出一支优秀的队伍，但是，教练员这项职业更需要一定的运动经历。在联邦德国培养教练员时，首先把运动员经历作为重要的前提条件。我国的一些研究表明，具备运动经历往往更有机会成为优秀教练员。所以应尽可能对从事教练员这一职业的运动员实施针对性的培训，充分利用他们的丰富经验，重视其科技方面的培养，使其快速成长为合格的教练员。

在辽宁省教练员的全部调查对象中，由图3-6可知：3人曾获得国际级

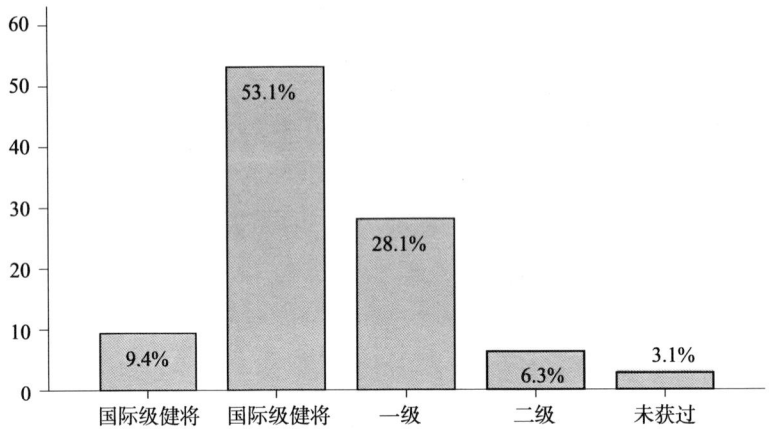

图3-6 辽宁省竞技体育优秀教练员的运动等级情况

健将称号，占总数的9.4%；有17名曾获得国家级健将称号，占53.1%；具有一级运动员水平的教练员占28.1%；获得二级运动员称号的有2人，占6.3%。在结束他们的运动生涯后，运动员留任教练员对教练员的团队结构起到了一定的优化作用。可以看出，本书所调查的辽宁省竞技体育优秀教练员的运动经历还是比较突出的。一名优秀的教练员通常具有一定的或者相当高的运动经验与技术水平，这对从事教练员工作有很大的影响。亲身体验过运动训练有利于教练员在工作中更快更准确地掌握教学理论；自己的比赛经历可以让教练员深刻体会运动员比赛中的各种表现，能有效地给予指导；自己的经历也有利于教练员把握竞技体育的发展方向，引领技术的潮流。辽宁省竞技体育优秀教练员所具备的运动员经历对其从事教练员工作有积极的重大的作用。当然，优秀教练员中也有特例，比如马俊仁教练，在成为教练员时并不是优秀的运动员出身、运动技术水平也较低，但是，通过自己的努力，同样可以成为优秀教练员，此次调查就有这样的例子。这些不是优秀运动员的教练只有在运动实践中反复研究磨练，刻苦努力学习专业理论知识和相关学科知识，在训练工作中勤于动脑，在失败中总结经验教训，从而能获得事业上的成功，并掌握运动训练规律。

第三节 辽宁省竞技体育优秀教练员成才的因子分析

本书做了对辽宁省竞技体育优秀教练员成才因素问卷的分析,首先对是否可以做因子分析进行检验,采用最常用的方法KMO检验。若检验达到相关显著,则适合做因子分析;反之不适合。KMO系数规定,KMO系数在0.9以上非常适合于进行因子分析;在0.80～0.90之间为比较适合因子分析,在0.70～0.50之间为可以进行因子分析,但在0.6以下则不适合做因子分析。表3-3表明:KMO系数为0.680,说明适合做因子分析。

表3-3 KMO值及巴特莱特球度检验结果(N=32)

KMO	巴特莱	特球度	df	
0.680	卡方值 939.823	自由度	51	P 0.000

注:$P \leq 0.05$;*在0.05水平上显著相关;**在0.01水平上显著性相关。

对辽宁省教练员成才的因素进行分析,来确定成才因素的结构。通过相关分析显著程度提取18个题项,说明各题项之间的相关性较高(见表3-4)。将综合考虑保留的18个题项旋转之后分为6个维度。对18个变量进行因子分析,得到因子变量的特征值、因子变量的方差贡献率、因子分析变量的累积方差贡献率等数据。取特征值大于1的6个因子,累积方差贡献率为68.953%,基本上可以反映总体信息量(见表3-5)。

表3-4 各题项之间的相关性分析(N=32)

题项	P	相关性
专业知识及相关文化知识	0.030	0.430*
社会经济文化环境	0.016	0.398*
心理素质	0.045	0.379*
热爱体育事业、明确目标	0.023	0.358*
主管领导的支持和重视	0.031	0.410*
与运动员的沟通交流能力	0.002	0.463**

续表

题项	P	相关性
技战术的创新能力	0.024	0.425*
训练手段的创新能力	0.008	0.616**
不断自学与进修的机会	0.009	0.597**
管理方法的创新能力	0.027	0.445*
工作条件设施状况	0.028	0.401*
同事之间的帮助与鼓励	0.006	0.469**
家庭及亲朋好友的支持	0.007	0.485**
教练员的选拔制度	0.019	0.443*
与同组教练的配合能力	0.043	0.473*
比赛中的临场能力、把握能力等	0.048	0.366*
经验学习、学术交流、观摩等	0.006	0.456**
身体状况	0.040	0.425*

注：$P \leqslant 0.05$；*在0.05水平上显著相关；**在0.01水平上显著性相关。

表3-5　因子分子初始解对原有变量的描述情况（N=32）

题项	特征值	贡献率（%）	累积贡献率（%）
1	4.274	13.072	13.072
2	2.557	11.815	24.887
3	2.207	11.578	36.464
4	1.591	11.483	47.947
5	1.421	10.636	58.583
6	1.078	10.370	68.953
7	0.989		
8	0.820		
9	0.769		
10	0.658		
11	0.563		
12	0.453		
13	0.416		
14	0.402		
15	0.385		
16	0.309		
17	0.240		
18	0.208		

本书采用排除法对项目进行筛选，剔除的标准为：①共同度低于0.50的；②因素负荷小于0.5的。最后得到18个因素，分为6个成分，旋转后的因子情况见表3-6。第一因子包含13、10、14题型，第二因子包含9、17、6题型，第三因子包含2、15、3题型，第四因子包含5、8、18题型，第五因子包含4、1、12题型，第六因子包含7、16、11题型。根据因子所反映的内容，将它们进行主因子命名。这样，确立了辽宁省竞技体育优秀教练员成才的因素分别为文化知识、业务管理能力、创新能力、环境因素、人际关系、综合素质6个因子。

表3-6 旋转成分矩阵表（N=32）

变量	成分						共同度
	1	2	3	4	5	6	
13	0.767						0.734
10	0.707						0.572
14	0.634						0.650
9		0.759					0.766
17		0.703					0.779
6		0.656					0.608
2			0.824				0.789
15			0.586				0.619
3			0.506				0.751
5				0.782			0.800
8				0.684			0.734
18				0.574			0.831
4					0.720		0.642
1					0.720		0.611
12					0.624		0.679
7						0.777	0.826
16						0.712	0.691
11						0.582	0.585

注：提取方法：主成分分析法。

旋转法：具有Kaiser标准化的正交旋转法。

旋转在17次迭代后收敛。

本书对辽宁省竞技体育优秀教练员成才的因素分析发现，文化知识因子的贡献率13.072%，在各因素中排在第一位。其余依次为业务管理能力因子，贡献率为11.815%，创新能力因子，贡献率为11.578%，环境因素因子，贡献率为11.483%，人际关系因子，贡献率为10.636%，综合素质因子，贡献率为10.370%。

第一因子命名为文化知识因子，包括专业知识及相关文化知识、不断自学与进修机会、经验学习与学术交流等；第二因子命名为业务管理能力因子，包括在比赛中的临场能力、应变能力等、与运动员沟通交流能力、与同组教练的配合能力；第三因子命名为创新能力因子，包括技战术的创新能力、训练手段的创新能力、管理方法的创新能力；第四因子命名为环境因素因子，包括社会经济文化环境、工作条件设施状况、教练员的选拔制度；第五因子命名为人际关系因子，包括家庭及亲朋好友的支持、主管领导的支持和重视、同事之间的帮助与鼓励；第六因子命名为综合素质因子，包括热爱体育事业明确目标、心理素质、身体状况（见表3-7）。

表3-7 因子命名及因素的载荷量（$N=32$）

序号	题项	载荷量	命名
13	专业知识及相关文化知识	0.767	
10	不断自学与进修的机会	0.707	文化知识因子
14	经验学习、学术交流、观摩等	0.634	
9	比赛中的临场能力、把握能力等	0.759	
17	与运动员的沟通交流能力	0.703	业务管理能力因子
6	与同组教练的配合能力	0.656	
2	技战术的创新能力	0.824	
15	训练手段的创新能力	0.586	创新能力因子
3	管理方法的创新能力	0.506	
5	社会经济文化环境	0.782	
8	工作条件设施状况	0.684	环境因素因子
18	教练员的选拔制度	0.574	

续表

4	家庭及亲朋好友的支持	0.720	
1	主管领导的支持和重视	0.720	人际关系因子
12	同事之间的帮助与鼓励	0.624	
7	热爱体育事业、明确目标	0.777	
16	心理素质	0.712	综合素质因子
11	身体状况	0.582	

一、教练员的文化知识因子

1.专业知识及相关文化知识

当今社会的任何一种职业，包括竞技体育教练员这一职业都要求具有稳定扎实的专业知识以及相关的文化知识。优秀教练员具有的专业知识占核心地位，以此为基础，引导教练员一直学习相关的文化知识，对其成才起到重要的作用。教练员除了学习训练学、生理学、心理学、教育学等专业基础知识，还需要广泛学习相关科学知识，积极通过各种途径获取新的知识，接受并运用新的知识。实践证明，以训练为核心，是从现代科学训练知识中不断积累新知识，这是获得大量知识的有效形式，可以使教练员的知识储备不断拓宽，开阔教练员的眼界，更有助于提升教练员在训练中解决问题的能力，提高工作效率。整体来看，辽宁省竞技体育发展的趋势，要求教练员的纵向知识具有一定的深度，横向知识具有一定的宽度，对教练员提出更高的要求。在现代竞技体育飞速发展的今天，很多体育项目都朝着职业化和商业化的方向发展，市场化的速度如此之快，给当今教练员带来了新的挑战。面对新的形势、新的任务，教练员要加强对不同环境下的规则、裁判法、竞赛制度研究。任何一个国际体育组织，都在不断地修改有关的规则，修改规则最基本的出发点就是怎么样使得这个项目的发展更加商业化。专业相关文化知识是提高教练员素质的必要条件，如教育学、心理学、社会学、生理学甚至经济学、管理学、统计学等。这些知识可以在训练工作得到具体的运用。因此，优秀教练员必须逐步形成以专项知识为主，相关知识为辅的基础知识结构体系。我国110m栏奥运冠军刘翔的成功足以说明教练员的重要性。他的教练孙海平教练坦言：运动员之间的竞争实际上是教练员的竞争，孙海平教练是一个拿跨栏当全部生命的人，潜心研究本行业本专业的知识，而且阅读学习各种专业书籍，不断思考琢磨研究新技术，终于将其理念在刘翔身上付诸实施，取得成功。因此，立足本专业的知识与经验，同时掌握各类相关专业知识，是当好一名优秀教练员的基础。

在实际的问卷调查中了解到，辽宁省的教练员大多数都是退役的优秀运动员，包括国家队的教练也是这样的状况，这也是当今我国的竞技体育教练行业发展的趋势。他们对于专业技术相当熟悉，拥有较丰富的实践知识，因材施教，结合实际进行针对性的训练，能够较快的胜任教练员的工作。但是他们也存在基础文化比较薄弱的普遍问题。文化知识的欠缺是因为多数教练员在少年及青年时期，是在训练队及体育院校中度过的，繁重的比赛任务中肩负各种压力，使他们很难有大量的时间静下心来好好读书，学习文化知识。所以从运动员角色转到教练员角色，使他们在训练工作中文化知识的不足逐步凸现，其知识结构难以符合当代竞技体育发展的要求。"一个优秀的运动员不一定是一个优秀的教练员"，仅凭自己的运动经历和经验是不够的，必须具有扎实的系统理论知识。教练员执教能力的提高，需要有系统的、深厚的知识作支撑，所以通过函授、脱产等学习等方式接触并获得各种新知识是教练员不断完善自己的前提和基础。优秀教练员的"优秀"表现在：不仅具备大量的专业及相关知识，而且能够不断学习，将其与实践的验证结合起来，形成最宝贵的知识财产。

2. 不断自学与进修的机会

辽宁省竞技体育教练员都有各自的执教特点，在所培养的运动员身上也可以体现出教练员的风格，竞技水平能直接反映出执教水平。教练员的专业知识、训练理论及实践能力也决定着执教水平的高低，鉴于此，辽宁省竞技体育教练员必须认真学习，加强自学与进修，充分利用进修学习的机会变理论知识为自己的实践能力，形成具有个人特色的知识体系。辽宁省竞技体育教练员要不知疲倦地学习，不断完善自我，积极迅速掌握现代科学知识和训练手段，并认真领会竞技体育规则的精神和动向，多快好省地搞好训练工作,这样才会有利于教练员培养出优秀运动员。作为一名优秀教练员同时还需要自己学习管理方面的知识,对运动队采取严格的管理方法,采用各种方法激励运动员配合训练工作,并充分发挥自己的组织能力,善于管理全队及每一个人,善于和运动员建立良好的、正确的关系,获得大家的信任。作为优秀教练员还要具备善于总结的能力,分析自己的队员,对所做的工作能有效地整理并进行分析,不断丰富自己、充实自己的知识。

3. 经验学习、学术交流与观摩等

通过调查显示：所调查的32名优秀教练员选择经验学习的有71.9%,32名优秀教练员参加学术交流的有53.1%,32名优秀教练员参加观摩的教练员有43.8%,32名优秀教练员中40%的有出国学习的经历（见表3-8）。由此可见,向老教练员及优秀教练员学习经验还是多数教练员所期望的。老教练员及优秀教练员的经验累积多年,也是一份宝贵的财富,要在继承的基础上实践与总结,也只有在继承的同时才能有所创新。教练员参加学术交流能活跃思维,进一步完善知识体系,拓宽训练思路,从而不断改进训练方法及手段,提高运动员的训练水平。通过选送具有潜力的年轻教练员走出去也是很好的一种取经方式；同样还可以采用走进来的办法,请专家来下队讲课、开展各种讲座及论文报告会,促使辽宁省竞技体育优秀教练员真正成为辽宁省的学习排头兵。对于辽宁省参加比赛相对较少的运动队来说,每年的全国比赛是一个很好的机会。参加这样的盛会,可以让教练员了解竞技体育的未来发展趋势,掌握竞争对手的情况；同时教练员自身也可以学习到更多的先进训练思想、方法及手段,更及时地、具体地了解国家及国际竞技体育各项目发展动态。教练员应当善用这种"得天独厚"的条件,不断提高自己的业务水平。

表3-8 辽宁省竞技体育优秀教练员能力提高的方法

	经验学习	学术交流	观摩	出国
人数	23	17	14	13
比例（%）	71.9	53.1	43.8	40.6

二、教练员的业务管理能力因子

著名教练员比查日耶夫曾说过:"教练员好似交响乐团的指挥家。首先他对乐谱有着深刻的理解,对每一个音符的作用了如指掌。在他指挥乐团时,让每一个音符、每一种乐器的作用发挥得恰到好处。这就需要教练员有很深的造诣。"有些教练员甚至提出"三分靠训练,七分靠管理"的说法。教练员是一个特殊的领导岗位,教练员对运动队的领导和管理尤为重要。教练员要有高度的责任心和管理能力,面对具体问题,能够有针对性地提出解决问题的具体办法。在21世纪的知识信息时代,不会学习必然会遭到淘汰,养成终身学习的习惯也是顺应时代的要求。更要学习如何管理全队人员,要学哲学明辨是非;学逻辑理清思路;学训练理论指导创新;学军事理论提高战术调度能力;学体育科技提高接受科技服务的能力;学做人体现人格魅力。多年来,我国竞技体育所取得的成就及世界体育强国的实践经验证明,作为竞技体育教练员,其管理能力是至关重要的。所以,辽宁省竞技体育教练员要随着时代的进步,注重业务管理能力的提高。目前辽宁省运动队的管理也是一项复杂的工程,我们不仅要向训练要成绩,也要向管理要成绩,因此,这就要求教练员必须更好地学习管理理论知识。教练员的管理思想境界有多高,队伍的管理水平就多高。以下几个方面是教练员作为管理者必备的几项能力。

1. 比赛中的临场能力、把握能力等

人才学者王通讯曾说过:"在一定水平的条件下,允许三种人进入成材者的队伍:常境下的永恒者、顺境下的节制者、逆境下的不屈者。"优秀教练员在复杂的情况下,是否能作出及时有效的决定即反映出教练员意志品质的坚定与否。能在复杂环境下巧妙地运用自己的思想和情绪,无论是在比赛的情况下还是在训练中遇到的复杂情况,都能保持头脑的冷静,行动上不受情绪的影响,这种能力不是一天两天能培养的。竞技体育教练员的临场能力由教练员的经验、勇气、发现问题、分析和解决问题的能力决定,这也取决于教练员的经验与技巧。教练员在比赛中临场指挥,要合理安排运动员所采取的策略、战术变化及适时调节心理情绪等因素。从某种程度上来看，教练员指挥的正确与否，决定着最终比赛的结果。教练员经常在比赛之前进行周密的准备，在比赛中用清晰的语言对运动员进行鼓励，帮助运动员消除压力，或用眼神提醒运动员控制比赛的节奏，或用手势与运动员交流，或合理的利用暂停，安抚队员的情绪，来取得比赛的主动，这些都是教练员临场比赛的表现方式。教练员应重视与运动员的情感交流，在比赛中多注意观察运动员的情绪变化。很多比赛中，场外观众对运动员的影响会很大，教练员应了解运动员的信心状况等早期信号，及时做出应对的措施，这也是锻炼教练员的临场能力方式之一。教练员在比赛的关键时刻的反应不低于在场上参加比赛的运动员，这是经过验证的事实。因此，教练员的情绪心理波动会削弱运动员的适应能力，更直接地影响比赛成绩。辽宁省优秀教练员在比赛中要对比赛有整体的把握，充分了解对手的情况，遇到突发情况及时作出调整，要有充足的准备。一个优秀的教练员要及时捕捉运动员表现出的细节，善于捉住变化的动态和趋势，优势项目之所以做得好，无非就是看得比较长远，提前准备好了预案，对各种不利情况有了对策和准备办法。这样，才能使辽宁省优秀教练员未雨绸缪，审时度势，作好竞技比赛的充分准备，体现出辽宁省运动员的勇敢精神与智慧品质。

2.与运动员的沟通交流能力

辽宁省教练员与运动员的沟通交流能力也直接影响着本省竞技体育水平。教练员与运动员之间相互尊重，相互配合，感情融洽，教练员处理问题时能秉公办事，一视同仁，才能创造一个积极向上的训练与竞技环境。实践经验告诉我们：如果产生矛盾，教练员是矛盾的主要方面。为此，我们提出："教练员是实施运动训练的主体；是实施运动员管理的主体；是实施'科、训、医一体化'的主体；是实施业务创新的主体。"相互理解和信任是比赛和训练中的重要因素。袁伟民指导的执教之道中提到："教练员与运动员之间的感情是基础，理解是桥梁，尽可能要求尊重，创造一个平等相处的气氛。"运动员在训练中效果较好，就会对比赛产生一种积极效应，这是教练员和运动员关系和睦的反映。据调查显示，发现良好的教练员对运动员的个人性格成长和运动水平提升有重要的作用。很多运动员从小以队为家,一直生活在运动队。辽宁省教练员从某种意义上来说不仅仅是教练的身份。教练员必须用爱心真诚地关心运动员的需要和感情,设身处地地为队员着想,并要竭尽全力帮助他们排忧解难,以心换心的感情交流,以"教练"兼"挚友"的双重身份,使队员与教练员之间加深理解,配合默契,从而顺利完成"教"和"练"的任务。

在问卷调查中,通过询问教练员与运动员之间是不是经常保持沟通与交流,像朋友一样相互谈心等来分析他们之间的关系,尤其是教练员的工作细致程度。教练员要注重运动员心理方面的各种疑问并能采取更有成效的策略,从而调节好教练员与运动员的关系。在日常生活中,教练员多关心运动员,就以朋友的心态和运动员聊天,时时刻刻为运动员着想,体会其内心的真实感受;在训练和比赛中,教练员严格要求每名队员,做到一视同仁,针对个别情况要特殊对待,仔细观察运动员的内心情绪变化;给运动员机会来表明他们自己的真实感受,并能根据实际情况给予解决或作出解答。这些情况的应对建立在教练员扎实的专业知识及相关专业知识的基础上,要以理论为基础,把所学的知识运用到实践中,做到学以致用,为运动员排忧解难。在运动队中应该以运动员为中心,教练员和运动员应相互尊重、相互信任、相互沟通及共享知识,共同进步,以达到训练目标的顺利完成。

3.与同组教练员的配合能力

没有优秀教练员就不会产生优秀运动员,在竞技体育比赛场上,运动员的成绩实际上也是在反映教练员能力的高低,因此,必须从战略的高度来认识教练,培养教练。良好的人际关系可以保证教练员在工作生活中无后顾之忧,特别是能够与同组教练紧密的配合,才有利于全身心地投入到培养优秀运动员的工作中。优秀的教练员对运动员的训练方法与指导思想,同时还会受到运动员和同组教练的关注,这就能反映出教练员的人格魅力,也就是所谓的"人气"。在某种意义上可以理解为教练员在运动队中的感召力和威慑力。优秀的教练员一般都能够与同组教练员积极配合,影响、说服、指导他人,或者积极向他人学习正确的方法,从而保证运动队及团队的目标得以实现。

三、教练员的创新能力因子

江泽民同志曾经指出,"科技创新"已经成为当今社会生产力解放和发展的重要基础和标志,决定一个国家、一个民族的发展进程。一个国家如果不能创新,就难以兴盛、难以屹立于世界民族之林。创新是一个民族的灵魂,是一个国家兴旺发达的不懈动力。竞技体育是在不断探索中发展起来的,又是在不断创新中实现一个又一个突破的。21世纪竞技体育发展之迅速,以至于从技术、战术以及场地器材等方面都发生改变,所以今后会有更激烈的竞争。创新是一种极其特别的工作,就像是"道前人所未道,做前人所未做"。体育领域中的创新包括理论观念创新、技战术创新、训练手段创新、器材创新等多个方面。体育创新是一种体育专业知识与运动实践相结合的开创性活动,并能够在实际训练中加以运用,通过这种方式可以获得更好的成绩与效果。创新的管理方法可以提高训练效果和比赛成绩。创造、消化和吸收与创新有效地结合起来,就是一种学习的过程。多运用全面先进的训练手段,灵活多变的技战术,力争打造出更多具有竞争力的优秀运动员。

1.技战术的创新能力

作为辽宁这个体育大省的教练员,一定要肩负起再塑辽宁体育辉煌的责任。教练员要敢于去创新,要大胆去设想,如果有了现象也不善于去发现、总结,想也不敢去想、做也不敢去做,别人有点什么东西也得不到一点启发,那就永远谈不上创新。只有勤于学,敏于思,才能有新知,这就是理论创新。辽宁省竞技体育教练员不仅自己在训练中力求创新,而且懂得如何鼓励运动员去创新,善于发现并能把新的东西推广开来,不断总结经验。教练员如果缺乏创新意识,一直沿袭别人的训练方法,就不能发掘运动员的潜力,不能及时汲取各种新信息,就会导致运动员技能在比赛中缺乏竞争力。想要有成绩,想要出成绩,想要有新突破,就必须勤于实干,将技术创新落到实处。在一系列创新理论指导下进入别人不敢进的禁区,走别人未走过的路,才能实现有效地技术创新。当代竞技体育技术随着人类社会的科学技术变化而不断更迭着自己训练方法,教练员也必须不断提高自己的技战术创新能力,才能适应时代的需要。依靠技战术的创新,辽宁省教练刘永福带出了多名世界冠军。他在训练中吸取摔跤、武术、日本柔道、欧美柔道的特长,逐渐形成了自己独特的训练方法,庄晓岩、孙福明、袁华、杨秀丽等都是他亲手指导出来的。其团队夺得过5块奥运金牌与多项世界冠军,他也因此有了"金牌教练""柔道教父"的美称。

2.训练手段的创新能力

训练创新就是在继承、摒弃和否定之否定中发现新的理论,就是要想别人不敢想的,哪怕在某个问题上推出一个很小的指导性理论。教练员要想成为体育行业中的领军人物,就要不断地超越自我,否定自我。辽宁省竞技体育优秀教练员善于运用新颖的训练方法,有效地塑造出了具有竞争力的运动员,在比赛中屡创佳绩。辽宁省的女子中长跑教练马俊仁,在训练中采用有氧和无氧训练相结合,用长距离来锻炼队员的耐力,用短距离来锻炼队员的速度和技术动作,从而促进长距离提高成绩。一长一短互补的训练方法,就是马指导训练手段的创新,并且在实战中收到了奇效。辽宁省竞技体育教练员也应借鉴国内发达省份或国外先进的训练经验,将学到的先进科学技术与运动训练实践相结合,有利于迅速提高教练员的训练手段。在创新过程中要不怕失败,失败是成功之母,在失败中总结经验,通过不断探索和不断学习,最后在比赛中真正体现出创新训练手段的作用,才能提高运动员的成绩。有大量的创新案例表明,我国多数训练手段创新来源于教练员。

本书问卷调查时,通过访问辽宁省竞技体育教练员发现:有些教练员提到会根据队伍目前的状况制定新的训练方法,懂得从多种渠道收集新信息,改进现有方法并充分地运用到实际训练中。他们意识到,要想有所创新就必须打破常规,不断提高运动员的竞争力,在比赛中可以检验取得的成就是否令人满意。这些富有创造能力的教练,取得的成就也是卓有建树的。

3.管理方法的创新能力

一名辽宁省竞技体育优秀教练员,绝不仅仅是只在简单的或者运动训练最基本的技战术训练上,天天去抠。虽然这是必要的、必需的,但是这还不够，这只是很小的一个方面，辽宁省的教练员还必须加强学习，提高自身的综合素质。赛场无常势，今天的冠军稍有松懈，明天就可能被淘汰。整个技战术以及训练手段的创新，其过程必然会有新的管理方法应运而生，否则创新会被扼杀，新的管理理念会确保训练创新的真正实现。想要在比赛中出成绩，必须吸收管理方面的信息与知识，实施科学的管理的方法。无论是马俊仁还是刘永福，他们在钻研技战术训练的同时，也在努力变革传统的管理方式。这些教练员有着强烈的事业进取心，在不断钻研和掌握新的科学训练方法的基础上探寻适合自己实际的管理方法，在实践中进行管理创新，摸索出了前所未有的新模式。马家军虽然训练刻苦、严格，但是没有人叫苦叫累，整体的荣誉感超出了个体的局限，团队的整体目标激励着个体不断突破自己，每个队员都会感到巨大的支撑力，因此能够连续取得无数辉煌成绩。刘永福将管理模式不断改进，充分调动了队员们的积极性，孙福明曾主动要求增加运动量，而不是仅仅完成训练任务。可以看出，管理方法的创新是整个创新落到实处的关键所在。

四、影响教练员的环境因素因子

1.社会经济文化环境

社会文化环境从广义上指人类创造的物质文明和精神文明之和所形成的环境，狭义指社会文学艺术、意识形态、风俗习惯等之和形成的环境。文化环境对人的成长有积极和消极作用的两重性：积极进步的社会文化环境对体育人才成长起到推进作用；相反地，落后的文化环境会轻视人才，严重影响科技的发展和人才的流动。目前，辽宁省社会经济文化成才环境对于优秀的人才并非具有很大的吸引力，而优秀教练员人才的流失会影响辽宁省竞技体育在全国的地位，因此，必须优化教练员的成才环境，使竞技体育能再创佳绩。

辽宁省竞技体育的发展离不开社会的经济基础。体育事业的发展规模和速度受社会经济、教育、科技发展水平等方面的制约。竞技体育作为体育事业的组成部分，国家及社会提供的经济条件直接决定其发展水平的高低。优秀教练员人才是竞技体育人才中的骨干力量，是促进辽宁省竞技体育事业的发展的中流砥柱。党的十一届三中全会以来，我国的竞技体育事业蓬勃发展，当然也带动各省的体育发展，竞技体育教练员人才不断涌现，取得了瞩目的成绩。只有在社会经济稳定的情况下，才能给竞技体育发展环境创造合适的机遇，竞技体育的资金状况决定着面向竞技体育人才的投入，如教练员、运动员的收入等。社会经济形势好的环境下，比赛机会、科研经费、后备人才建设投入等都会有一定的提高，这些当然也会影响到优秀教练员的成才。

2.工作条件设施状况

辽宁省竞技体育教练员人才的出现和成长离不开一定的工作环境。辽宁省要培养优秀教练员，必须创造良好的工作条件，优化成才环境。优化成才环境在某种意义上能带动教练员的积极性，使其在工作中不断提高训练水平。运动队能够得到主管部门的重视，就可以带动教练员及运动员的训练积极性，在比赛中才能出成绩。良好的环境是人才成才的主要因素，对人才成才起到至关重要的作用。教练员的工作场所主要就是在运动队，训练、吃饭及休息等都在运动队进行，良好的工作条件设施是建设成才环境的前提保证，优化成才环境重点抓住营造运动队的工作条件，这是关键所在。

3.教练员的选拔制度

建立一支高水平的教练员队伍需要选拔和培养优秀教练员。竞技体育的发展离不开合理的教练员选拔制度，在教练员的选拔上下功夫，竞技体育会有质的突破，产生的效果也会更明显。中国国家队全部教练员中，有40%是从退役运动员直接过渡到教练员的。在国外，也有这种从运动员到教练员的直接过渡，但是教练员的选拔却有更严格的限制。国外几乎没有退役运动员马上直接进入教练员岗位的。如果你在做运动员期间同时在校学习，而当你退役时你已经拿到了大学的毕业文凭，这还不够，这只是一个条件。第二个条件就是必须要经过教练员的培训，拿到教练员培训资格证书。显然，国外的做法更为严格，也更为合理。从表面上来看，无论是国内还是国外，对于一个国家级教练员来说，都必须有本科以上的学历和岗位培训的经历，但是其中却有很大不同。调查中发现，辽宁省教练员目前很多都是一边指导训练，一边学习拿文凭（或资格证书）；同样，有志于当教练的运动员也难以在训练时学习文化知识，难以为退役后再就业打好基础。从运动员角色到教练员角色，在一般人看来似乎是件顺理成章的事。但实际上，这两种角色之间的差距还是很大的。21世纪的未来教练员应该更多地依靠科学理论知识，不仅仅靠自身的体育成绩和运动经验来指导运动员的训练工作，这样才会将更科学的方法融入到训练中去，培养出更多的优秀运动员。

五、教练员的人际关系因子

1. 家庭及亲朋好友的支持等

辽宁省竞技体育优秀教练员的家庭和亲朋好友对他们的工作能够做到充分理解和鼎力支持。背后有家人的支持，取得思想上和认识上的一致，教练员才能全身心地投入到运动队中，有精力为运动队献计献策。得到家庭和亲朋好友的充分理解和鼎力支持，教练员就会没有后顾之忧，专注于指导运动员训练，和运动员建立亲密和谐的关系。教练员与运动员之间要相互尊重，相互理解和爱护，如果没有与运动员建立良好的合作，势必会影响比赛结果，教练员一厢情愿是无法获得成功的。

教练员要在全队树立一定的威信，对队内的每一个成员平等看待，使运动员能得到他们付出后所应得的待遇。如只偏爱几个优秀运动员，教练员就会得不到大家的拥护和尊重，还会冷落了其他队员，这样的教练时间久了在队里容易成为"光杆司令"，会在运动员面前失去威信和感染力，很难培养出一大批优秀人才，也会在整体上削弱队伍的凝聚力。因此，教练员也要与运动员交朋友，相互理解，相互支持，教学相长。

2. 主管领导的重视和支持

上级主管领导的重视和支持是保障体育工作顺利开展的基础。作为竞技体育大省的辽宁为国家竞技体育发展做出了很大的贡献，输送大量的优秀后备人才。对于竞技体育领域来说，人才是不可或缺的重要资源，尤其是教练员人才更加难得，主管部门应加以重视。领导应本着爱惜人才、以人为本的出发点，切实关心教练员人才的家庭与生活，及时同政府部门和相关组织进行沟通交流，解决教练员所遇到的困难及问题。对如夫妻两地分居、孩子入托上学、侍奉老人、照顾病人以及突发意外情况等做到有人问、有人管，为竞技体育教练员人才解除后顾之忧。领导对竞技体育的认识和重视程度，决定着体育经费的投入情况。领导重视并认识到体育的重要作用，必然会在经费投入上加大力度。在管理上领导应做到一级抓一级，明确目标，建立健全管理机制。搞好竞技体育，需要大量的物力与财力，没有领导的支持，很难参加直至举办体育比赛，更无从说起人才培养了。

3.同事之间的帮助与鼓励

要正确处理好教练员之间的关系。首先，在运动队中，存在着同类项目的竞争，没有竞争就没有发展。不过这种竞争应建立在健康的氛围之中，要能够使教练员同事相互学习、相互鼓励，共同进步。在队内的竞争环境中，同事间的人际关系也会影响到优秀教练员的成长，和睦融洽的氛围对人才的培育发展有着积极的作用。在整个集体中，每个成员都是"螺丝钉"，只有大家齐心协力才能有所作为，工作起来才会劲往一处使、汗往一处流，提高工作效率。在运动队中建立良好的同事关系，创造良好的人际环境，有利于同级间关系的巩固，有利于充分发挥集体的力量。教练员之间应做到：真诚相待，信任不疑；通力合作，关心支持；摆正位置，正视自己；坚持原则，与人为善。每个人的能力及素质都有一定的局限性，为了达到同一目的就需要大家通力合作，以弥补个体的不足。这就使得教练员同事之间形成了相互依存的关系，必须相互帮助，相互学习。因此，当在训练中遇到问题时，大家一定要鼎力相助，携手共同来解决它。

六、教练员的综合素质因子

1.热爱体育事业、明确目标

袁伟民曾在教练之声节目中提到，"教练员队伍的素质直接关系到竞技体育人才的培养，关系到竞技体育水平的提高。"从事教练员这一职业，首先在思想意识中要有强烈的敬业精神，能够全身心投入到训练及比赛中去。要学习雷锋的爱岗敬业精神，要像他那样，干一行，爱一行。辽宁省竞技体育优秀教练员大多都能做到热爱工作，对从事的专业指导训练抱有极大的热情和兴趣。他们选择了教练员这一职业，也做好牺牲个人利益的准备，以自己高度的工作责任感，真正把任务目标认真落实到日常训练中。通过访谈调研，我们发现，辽宁省教练员的成才是一条漫长而艰苦的道路，而且所取得的成功往往得益于他们坚忍不拔的毅力和明确的目标。其次，没有长期的、艰苦的奋斗，成才的目标是不能实现的。在辽宁省教练员成才的过程中肯定会有各种不同的挫折和失败，如果没有韧性，就会使自己的成才目标半途而废。辽宁的中长跑教练马俊仁具有强烈的事业心，靠艰苦奋斗的精神，走出一条大胆探索的科学之路。一定要让这群山里娃走向世界田坛的坚定信念，支持马家军崛起并成为20世纪90年代世界体坛的奇迹。

目标是个人、部门或整个组织所期望达到的成果，也是行为的导向，人们的行为总是为了实现某种目标而实施的。树立正确的奋斗目标是成才的关键，一个人没有目标就会失去动力。首先，要树立切实可行的目标。确定目标也要科学合理，大跃进式、浮夸风式的目标只能引人误入歧途。目标的正确合理，才会激发教练员的主观能动性，使其踏实工作，努力进取，从一个成功走向另一个成功。其次，目标具有阶段性，阶段目标的实现与否对人才成功的信心是有影响的。确定成才目标只是一个开始，阶段性目标的实现会产生积极的正面效应，鼓励教练员锲而不舍，坚持到最后。最后，实现目标的过程并非一帆风顺，优秀教练员要有强烈的事业心、胜不骄败不馁的恒心。辽宁省优秀教练员人才也应随着社会的进步，科技的创新，认真研究教学训练工作，积极热情的迎接所要面临的困难。既然选择了教练员职业，就要一如既往地走下去，全心全意的投身于教练员工作，这体现了教练员可贵的献身精神和崇高理想。

2.教练员的心理素质

上面提到的"胜不骄，败不馁"是优秀教练员应具备的心理品质，主要表现为，在任何条件下，都要抱有一种虚心的学习态度，不断向别人学习，取人之长，补己之短。这种心理表现不会有自满、气馁的情绪，能够做到不以物喜，不以己悲，客观地评价身边的事物。只有这样，教练员才能成为竞技运动中的中流砥柱。在高水平的竞技比赛中一个优秀的教练员，不仅能稳定场上运动员心理，还能提高场上运动员的自控能力，甚至对比赛结果都起着决定性的作用。教练员不但是一支运动队的领导，更是该组织的核心人物。在平时的运动训练甚至是竞技比赛中，教练员所运用的管理方式、方法甚至一个简单的动作都能使运动员的心理产生变化。

辽宁省教练员在关心运动员的前提下，可以进一步多满足队员的合理要求，多和运动员沟通交流，使运动员能感到是一种家人的关心、爱护，让运动员从心理上接受教练员，保证达到有效地训练效果。教练员和运动员之间不能只顾自己本身的个性和行为，而是应该使自己个性和行为的特征更好地适应环境特征的要求。例如，在带一个刚刚成立的运动队时候，教练员应该树立偏向专制的作风，从而树立威信；而在带较成熟的运动队时，教练员应树立偏向民主的作风，发挥运动员的主观能动性。

3.教练员的身体状况

在现代竞技体育训练中，一名教练员的身体状况直接影响执教的成绩。教练员如果没有良好的身体情况，就无法顺利带领全队进行训练，更没有精力在比赛中保持最佳指导状态。对于教练员自身来说，成绩是自我努力的结果，但前提是要确保自己有能力及精力来完成作为教练员应有的职责。身体是革命的本钱，身体状况会直接影响教练员的执教成绩，因此，优秀教练员要坚持坚持锻炼身体，保护身体，始终保持旺盛的精力来领导全队。

综上所述，可以得到以下结论：辽宁省竞技体育优秀教练员队伍的年龄梯队结构基本平衡；辽宁省竞技体育优秀教练员比较注重学历教育；辽宁省竞技体育优秀教练员的职称中高级职称所占的比重较大；辽宁省竞技体育优秀教练员开展科研状况良好；岗位培训对辽宁省教练员能力提高有一定作用；教练员的运动经历，对今后的教练员工作有一定的作用；辽宁省竞技体育优秀教练员成才的因子归类为6个方面：教练员的文化知识因子、教练员的业务管理能力因子、教练员的创新能力因子、影响教练员的环境因素因子、教练员的人际关系因子、教练员的综合素质因子；辽宁省竞技体育相比于其他体育发达省份已经略显落后，必须紧跟21世纪竞技体育的发展步伐才能有所成就;教练员也要做到训练与科研相结合,掌握最先进的体育训练理念;辽宁省教练员的岗位培训应拓展竞技体育培训方面的项目;教练员的运动经历有利于执教,但培养及选拔竞技体育教练员时必须兼顾综合因素作为参考指标,要结合实际为辽宁省竞技体育教练员培养后备人才,巩固辽宁省竞技体育的优势地位。

参考文献

[1]金宏章.青年成才学概论[M].哈尔滨:哈尔滨工程大学出版社,1998:12.

[2]卡尔·罗杰斯.个人形成论[M].杨广学,等译.北京:中国人民大学出版社,2005.

[3]黄镇敏.中小学优秀体育教师的特征及影响因素的研究[D].南昌:江西师范大学,2005.

[4]李小平.从胜任角度分析我国奥运金牌教练员能力特点[J].竞技论坛,2008(5):6-13.

[5]李风琴.培养优秀教练员的因素分析[J].科教文汇,2008:19-22.

[6]宋志强.浅析优秀教练员应具有的基本素质[J].科技信息,2007(32):242,243.

[7]杜传喜,王春雷.优秀体操教练员应具备的素养[J].河北体育学院学报,2000(3):89-91.

[8]郭庆兵.优秀教练员必须具备的"十心"[J].山东体育科技,1995(1):78,79.

[9]彭飞.优秀教练员的精神和心理素质浅析[J].四川体育科学,1995(73):6-12.

[10]叶宪清.运动训练[J].国民体育季刊,1996,25(2):4-13.

[11]Mamassis G, Doganis G. The effects of a mental training program on juniors pre-competitive anxiety, self-confidence, and tennin performance[J]. Journal of appliedsport psychology, 2004(16):118-137.

[12]Orlick T. Psyching for sport: Mental training for athletes [M]. Champaign IL, HumanKinetics, 1986.

[13]戴显鹏.辽宁省高水平教练员创新能力研究[J].内蒙古体育科技,2010(87):63-66.

[14]王刚,陈鸣,单颖.我国优势项目优秀教练员成材过程的探讨[J].北京体育大学学报,2002(4):545-547.

[15] 蔡瑶煜,孙志伟.从制度层面分析我国奥运金牌教练员的选拔——以3位奥运金牌教练为案例分析[J].百家论坛,2007(12):85-93.

[16] 柳建庆.中国与欧美教练员培养机制比较研究[J].体育世界,2011(4):64,65.

[17] 汪浩.我国优秀教练员应具备的基本素质的再审视——兼议我国教练员的选拔机制[J].训练与竞赛,2010:18,19.

[18] 张健.浅谈保护与帮助在体操训练中的作用[J].山西体育科技,1999(4):20-23.

[19] 王刚,过家兴.我国优势项目优秀教练员成材过程的时间特征[J].西安体育学院学报,2000(2):14.

[20] 张美娟.我国优秀篮球教练员成长现状及影响因素分析[D].武汉:武汉体育学院,2008:21-27.

[21] 孙丽斌.辽宁省竞技体育后备人才培养体系的开发与研究[D].沈阳:辽宁师范大学硕士,2010:15.

[22] 李智,王春明,等.建立我国教练员职业资格制度的可行性研究[J].北京体育大学学报,2007(4):17.

[23] 张冬梅.科学训练产生金牌[J].新体育,2000(6):34.

[24] 陈剑锋.内蒙古马拉松教练员队伍的现状调查与分析[J].内蒙古师范大学学报,2009(3):8.

[25] 孙克诚,杨学军.影响我国田径运动员成才的因素[J].中国体育教练员理论与探讨,2003:32,33.

[26] 黄莉.教练员科学文化素质的现状与发展对策研究[J].武汉体育学院学报,2003:3.

[27] 范秦海.对我国优秀田径教练员知识结构的研究[D].石家庄:河北师范大学,2006:12.

[28] 冯玉娟.我国优秀体操教练员成材过程的探讨[D].北京:北京体育大学,2000:19.

[29] 张忠秋,王智.教练员大赛临场指挥应注意把握哪些心理要素?[J].中国体育教练员,2000:2.

[30] 周学荣.试析袁伟民的执教之道[J].浙江体育科学,1996(5):21.

[31] 晁卫华,任文岗.教练员素质结构的心理学研究现状及前景展望[J].湖北体育科技,2006:7.

[32] 李运祥.略论江泽民的创新思想[J].中国地质大学学报,2003:4.

[33] 黄莉莉,王曼丽.优秀速滑教练员的创新能力、结构和培养[J].冰雪运动,2009:15.

[34] 陈丹.竞技教练员创新能力研究[J].湖北财经高等专科学校学报,2009:5.

[35] 陈世民.大学生幽默感问卷编制[D].重庆:西南大学,2010:18,19.

[36] 王毅.关于金牌教练员行为模式的研究[J].山东体育学院学报,2007(4):22-24.

[37] 凌平.马俊仁训练方法初探[J].天津体育学院学报,1994(3):3.

[38] 陆升汉,汪康乐,邰崇禧.论创新是竞技教练员的核心素质[J].成都体育学院学报,2002(6):7.

[39] 贾燕娟.我国排球教练员信息素质现状调查研究[D].苏州:苏州大学,2004:15,16.

[40] 蒋叶飞,吴黎.我国高水平击剑运动员成才规律分析[J].体育科技文献通报,2009,17(6):26-28.

[41] 刘俊凯.我国优秀篮球运动员成才规律的初步研究[D].郑州:河南大学,2002:13-17.

[42] 李成梁,刘排,甘荔桔.辽宁省竞技体育优势项目优秀运动员成才规律的研究[J].沈阳体育学院学报,2011:80-84.

[43] 魏旭波,胡建国.湖北省竞技体操教练员人才梯队现状与建设[J].湖北体育科技,2012:8.

[44] 谢毅,邬建强.优秀教练员的选拔指标体系研究[J].体育科技文献通报,2007(12):2.

[45] 宋林霞,张晓杭.对近年来体育定义的几点思考[J].体育科技文献通报,2007:4.

[46] 毕红星,张益增,王金龙,等.辽宁省竞技体育教练员发展现状调查与思考[J].辽宁体育科技,2007(144):1-6.

[47] 刘娟,孙庆祝.半结构化的优秀运动队教练员综合能力测评系统的研究[J].沈阳体育学院学报,2007(6):63-66.

[48] 钱光鑑.新时期教练员创新论[J].体育文化导刊,2011(1):41-45.

[49] 宋全征.中国竞技体育人才开发[M].北京:北京体育大学出版社,2004.

[50] 袁伟民.加强教练员岗位培训,促进竞技体育发展[J].中国体育教练员,2000(1):3,4.

[51] 赵浚.西德是如何培养教练员的[J].国外体育动态,1988(4):11.

第四章
人才环境理论视角下辽宁省
竞技体育发展对策研究

第四章 人才环境理论视角下辽宁省竞技体育发展对策研究

第一节 人才环境理论视角下辽宁省竞技体育发展的研究意义

习近平同志曾说过:"聚天下英才而用之""国家发展靠人才,民族振兴靠人才,要让人才事业兴旺起来",并强调"要促进群众体育和竞技体育全面发展"。人才重要,体育也重要,体育人才在一个社会的发展中起的作用更是重要。体育人才环境从某种程度上又影响着人才的发展,因此拥有好的体育人才环境是发展我国竞技体育的基本保障。人才环境是指一切影响人才成长和发展的外在因素,包含社会环境、自然地理环境、成长环境、人才激励环境等要素。人才环境建设有助于组织与人才之间的双向选择,人才在流动过程中,会对各个地区的人才环境状况进行识别,最终会选择人才环境较好,利于自己发展的区域。一旦确立在某一地区发展后,人才又会根据该地区的人才环境特点,采取相应的行为方式,以实现自我价值的最大化。人才环境与人才之间也存在着互动制约关系,人创造环境,环境又影响人的发展,两者有强烈的互动关系。人们通过发展社会经济、制定实施相应政策法规等努力地改善和优化人才环境,而人才的大量培养、聚集和开发利用,也同样是优化人才环境的重要途径。人才环境还具有对比导向功能,通过不同人才环境的对比分析,人们必然对自己所处环境的优劣作出相应的评判,同时对自己是否取得公平待遇得出结论。这种对比分析,必然引导人们在某种环境下,采取相应的对策与行动。当人们认为所处环境不好,受到不公正待遇时,除了部分有志者仍将发奋努力以外,有很多人会表现出消极的态度。人才环境对人们行为趋向有着明显的导向功能。目前,国内各地区纷纷实施各自的人才战略,为其社会经济发展提供必要的人力资源保证。如果某地区人才环境不能尽快得到改善和提高，该地区将长期处于"人才洼地"的不利环境之中，不仅难以吸引外地人才，而且对已有人才而言，既存在着严重的被"外拉"现象，也存在着巨大的"内推"力量，人才的外流必然会越来越严重。

辽宁省竞技体育有着20多年的辉煌历程，为国家培养了多个项目的优秀体育人才。从第5届全国运动会辽宁代表团金牌总数第3名至2001年第9届全国运动会金牌总数第2名，期间战绩显赫，硕果累累。为此辽宁被称为体育大省、体育强省，甚至被体育界荣称为"辽老大"。然而从第9届全国运动会之后，辽宁省竞技体育人才严重流失，第10届全国运动会上辽宁代表团奖牌总数第5、第11届全国运动会排名第四，遭遇到前所未有的困难境地，"辽老大"已不再无限风光。辽宁省竞技体育实力的下滑是不争的事实，原因是多方面的，但其中优秀体育人才流失严重是大家有目共睹的。据统计，第10届全国运动会上"外流"到其他省份的辽宁籍选手共夺得了20枚金牌。从乒羽到体操，从竞走到中长跑，从游泳到赛艇……几乎每个参赛项目上都有辽宁籍选手的身影。例如，赛艇项目共设16枚金牌，辽宁人就夺得11枚，但是真正记在辽宁代表团榜单上的只有2块。众所周知，乒乓球是辽宁省的优势项目，而赛场上的辽宁人却并不一定代表辽宁队，如：广东队的马琳、张超和刘诗雯，北京队的马龙，山东队的李晓霞等都来自辽宁。这种现象在自行车项目上也同样存在，尤其是广东队，业内人士将其戏称为"辽宁二队"。雅典奥运会上，参赛的辽宁籍选手共有69人，但其中29人已经不是辽宁队员。

虽然体育人才全国范围内的流动，对我国竞技体育的发展有一定的促进作用，但是其消极影响也不容忽视。诸如体育人才交易的"暗箱操作"，许多省（市）过于注重成本，出现愿意"买卖人才"，不愿意培养人才的现象。确实有一些省（市）把目光关注到人才的"市场价格"上，而逐渐淡漠了自己培养人才的意识和责任，进而严重挫伤了那些后备人才培养基地的热情和积极性，破坏了后备人才的培养网络。竞技体育人才的成长是以一定的环境为土壤的，辽宁省竞技体育的下滑表面看来是优秀运动员的外流造成的，但其实质上反映了辽宁的竞技体育人才环境出现了严重的问题。为此，辽宁省作为体育强省，应该着眼大局，改善人才环境，留住悉心培养的优秀体育人才，这样不但能促进辽宁本省的竞技体育发展，也能带动我国竞技体育的整体实力稳步提升，这是辽宁体育肩负的历史使命，也是亟待解决的重要课题。

竞技体育人才环境理论属于体育人才学的理论范畴，而体育人才学是人才学的一个分支学科，它是研究体育人才发生、发展的全过程及其规律的科学。人才学作为一门独立的现代学科，在理论研究和实践建设方面都取得了不小的成绩，但也存在一些尚待丰富的薄弱环节，人才环境的研究就是其中一个重要而又薄弱的方面。

面对人才竞争的激烈形势，探索竞技体育人才环境评价指标体系的构成要素，选择科学的竞技体育人才环境评价方法，能够对现有的竞技体育人才环境进行定时、定量的评价和预测。为发展体育事业，进一步优化辽宁省竞技体育人才环境，为体育领域优秀人才横向和垂直流动，以及体育与其他领域人才互动交流，必须寻求科学的理论为决策提供指导。本书运用竞技体育人才环境评价理论，找出辽宁省的竞技体育人才环境的薄弱环节，提出辽宁省竞技体育发展的相应对策建议。本书的成果对辽宁省竞技体育人才环境的改善、促进辽宁省竞技体育的发展具有一定的建设性作用。

第二节　我国竞技体育人才环境研究现状

在体育系统中，体育人才资源是决定体育事业竞争力和体育事业可持续发展的根本因素，体育的竞争实际上就是体育人才资源的竞争。随着体育事业的迅猛发展，对体育人才资源的开发、管理也相应地提出了更高的要求，那么如何为这些体育人才创造一个良好的发展环境已成为目前亟待解决的问题。本书对我国竞技体育人才环境进行研究，旨在为竞技体育人才的发展提供依据。

一、竞技体育人才发展的地域差别研究

俞继英等认为应该高度重视对西部体育的战略开发。竞技体育人才的开发并不是孤立的,只有在对西部体育进行战略开发的基础上才能取得突破,否则就成了无本之木,无源之水。东部经济文化发达,经费充足,技术水平较高,但往往缺乏合适的人才资源。而西部某些项目有特殊的人才资源,相对缺少经费和技术人员,因此实施东西部省市对口支援,促进区域竞技体育联动发展是一种较好的竞技体育人才开发措施,可实现优势互补,达到双赢的目的。陈颇通过对我国竞技体育项目人才资源区域分布差异的综合评价分析得出,东、中、西部竞技体育项目人才资源分布状况的非均衡现象非常明显,东部竞技体育项目人才资源优势显著胜过中、西部,且东、西部差距越发鲜明。谢爱莲在《中部地区崛起中人才资源开发战略研究》中提出中部地区人才流失问题严重,其原因是东部沿海发达地区政策宽松,工作条件和生活条件好,对人才形成了极大的吸引力。而中部地区所能给予各类人才的工作条件、生活环境欠佳,无法形成对人才的"强磁场",从而导致人才不断外流。通过以上文献可以看出,经济发展程度仍然是制约竞技体育人才发展的重要因素,而我国东、中、西部由于地域环境差异造成了经济发展程度的严重不均衡,虽然国家在积极扶持中、西部体育,但由于经济条件原因,中、西部的竞技体育人才发展仍然落后于东部。

二、竞技体育人才流动的研究

张鲲等分析了我国当前竞技体育人才资源流动的形式和特征,认为合理流动是实现竞技体育人才资源优化配置的前提条件。我国目前的竞技体育人才资源的流动受诸多因素的制约,竞技体育人才资源在地域、项目等的分布存在极大的不均衡。只有促进竞技体育人才资源的流动,才能改善我国竞技体育人才资源的合理配置、优化整合。苏新荣认为造成体育人才非正常流动的原因主要有以下几点:后备人才的"培养"和"选拔"之间无法衔接、培养者与受益者之间的利益难以协调、体育经纪人市场发展停滞。潘慧文等认为以人才交流来带动和促进本土人才的培养及发展可以促

进本地区竞技体育的可持续发展，而对于经济欠发达地区或是体育弱势地区来说目前的人才交流办法是有缺陷的。这些文献资料既指出了我国现阶段的人才流动特点，也提出了我国竞技体育人才合理有序流动的建议，同时也为竞技体育人才环境的研究打下了坚实的基础。

三、竞技体育人才保障机制的研究

李艳等提出了影响竞技体育人才培养和管理的主要因素，概括起来就是：运动员的训练管理体制、选材的科学化程度、训练计划的科学性及合理性、训练课的质量和效率、运动员的文化教育体制、运动员学习时间的保障、运动员的主动学习意识、运动员学习能力的培养、运动员训练和学习组织方式、运动员退役的社会保障机构和管理机构等。并且在文中指出我国在竞技体育人才的培养中一直比较重视运动员的竞技能力和潜力的培养，但对运动员的科学文化素质要求不高，对退役运动员的安置相对重视不够，此举使我国竞技体育发展突飞猛进，竞技体育人才的专业技术很高，但也客观导致了运动员文化知识水平不高、对社会快速发展适应力差，退役后就业机会小等弊端，这在一定程度上还制约了我国竞技体育人才的发展。张凤霞认为辽宁省运动员的社会保障就业现状不容乐观，究其原因在于：领导的重视程度不够、经济发展滞后、社会就业环境空间小、群众对竞技体育的认识不足及运动员自身素质不高。余宇认为由于运动员劳动权法制发展与体育事业发展存在滞后性，运动员生存、健康、发展、救济等劳动权益面临着无法回避的矛盾与冲突，严重地侵害了运动员合法权益。颛慧琳认为人才引进主要有五大障碍：地域障碍、环境障碍、制度障碍、经济障碍和人文环境障碍。这些都充分说明我国目前对竞技体育人才的权益重视程度不够，尤其是运动员退役后的安置问题，这对竞技体育人才发展也有一定的影响。

四、竞技体育后备人才的研究

冯庆梅等认为，我国竞技体育后备人才存在储备严重不足，人才培养体制落后，资金不足，培养效益差等问题。提出了推进竞技体育后备人才培养体制的创新、落实体教结合、优化后备人才培养方式以及对教练员实行竞争上岗、提高教练员的执教水平等建议,以促进竞技体育后备人才的培养。孙鲁芳等认为当前我国体育后备人才培养面临危机,尤其在竞技体育人才方面,因其自身要求较高,需要普遍选材,并长期进行系统科学的训练,才能获得一定的成功。杨曦等认为"举国体制"在培养优秀竞技体育人才方面仍旧是我国发展体育事业的唯一可行方案,同时体育院校承担竞技体育青年人才的培养任务,是中国特色竞技体育发展的一条可行之路。张贵敏等指出我国的竞技体育后备人才培养体制存在"三个失衡现象",即运动训练与文化教育的失衡,国家奥运战略与地方全运战略的失衡,产权边界模糊、激励机制不足造成的投资与收益主体间的失衡。建议应建立政府主导下市场化的后备人才培养体制,具体策略是:实现竞技体育后备人才培养投资主体的多元化;有计划地分步推进体制转型;建立"体教型"竞技体育后备人才培养模式;实行竞技后备人才的市场交流制度;加强教练员队伍建设,提高教练员群体素质。这些文献多角度地审视了竞技体育后备人才的培养,为我国竞技体育后备人才的培养提出了许多宝贵意见与建议,对于竞技体育人才环境的理论研究具有重要的借鉴意义。

五、竞技体育人才的现状研究

刘一鸣对江苏省竞技体育运动员的总体人数、分类项目人数、不同文化程度人数、不同技术等级人数、不同年龄组人数、当年吸收与分配人数在20年的发展变化进行对比分析,并预测到2012年江苏省竞技体育一线运动员将达到1236人,二线运动员将达到4481人,三线运动员将达到16135人。邹师通过对辽宁省竞技体育人才成长环境进行分析研究认为,社会认同感高、家庭环境好、需求多元化、成长空间大、社会氛围好、激励效应显著已成为辽宁省竞技体育人才成长的良好的社会环境因素。董晋等对辽宁省体育人才资源现状进行了调查研究,认为辽宁省体育人才资源总体情况有以下几个特点:人才总体数量不足,总体结构差异性显著、各系列体育人才人员配置结构比例失衡、年龄结构分布均衡,人才年轻化突出、体育人才性别比例失衡、人才整体素质结构欠缺、体育人才队伍中公务员与管理人员的政治素质较高。宋全征认为中国竞技体育人才资源开发结构亟待调整,高的淘汰率、文化素质的低下和独生子女的现状使家长对专业运动员结束运动生涯后缺乏适应社会和谋求发展本领产生了忧虑,基层体校的萎缩和后备人才的不足,说明从事体育运动对大众的吸引力在降低。他还认为新世纪竞技体育人才开发利用应建立人才资源共享体系。高雪峰认为我国体育人才队伍整体实力不断增强,一支规模可观、门类齐全、素质优良的体育人才队伍正逐渐形成。

通过对大量文献的分析整合,不难看出国内专家学者对竞技体育人才环境的相关研究较多,主要集中在对竞技体育人才发展的地域差别、保障机制、人才流动、竞技体育后备人才以及竞技体育人才的现状等方面的研究,研究总体比较分散,没有形成系统化的理论,且偏重于定性研究,而根据不同的地区的特点进行定量比较分析的研究相对较少,因此很难就某一方面去比较不同地区间的差异。这些文献为我们研究竞技体育人才环境打下了坚实的理论基础,同时通过发现其中的不足可以改进我们的研究思路,为进一步研究创造有利条件。

第三节 相关概念的界定

一、人才的概念

长期以来,学术界对"人才"这个词的解释众说不一。一般来说,人才是指那些具有一定的专业知识,拥有较多的技能和能力,为社会发展和人类进步进行了创造性劳动,并且做出了某种或多种较大贡献的人。人才具有社会性,人才是社会中的人才,人才不可能脱离社会环境而孤立存在。

二、环境的概念

环境是人类生存的空间和氛围,分为自然环境和社会环境。自然环境亦称地理环境,是指环绕于人类周围的自然界。社会环境是指人类在自然环境的基础上,为不断提高物质和精神生活水平,通过长期有计划、有目的的发展,逐步创造和建立起来的人工环境。

三、人才环境的概念

人才环境,顾名思义是指与人才生存和发展密切相关的各种物质条件和精神条件的总和,是人才发挥其潜能及作用的外部因素。其实,一切影响人才成长和发展的外在因素统称为人才环境。它包括经济发展状况、人才创业和发展保障状况、科技教育与国民素质教育、城市发展状况、工作环境、自然地理环境、成长环境、人才激励环境、法律环境、政策体制环境等。

四、竞技体育人才的概念

通过对人才的概念的分析,竞技体育人才是在竞技体育领域内,为了更好地提高运动员的竞技能力和创造优异的运动成绩,直接或间接做出不同重要贡献的人。竞技体育人才的外延包括教练员、运动员、裁判员、科研人员、队医和管理人员等,他们都是为竞技体育做出重要贡献的人才群体,其共同的目标就是运动员取得优异的运动成绩。

五、竞技体育人才环境的概念

我国目前对于竞技体育人才环境还没有明确、正式的定义。本课题通过对人才及环境的概念分析,结合竞技体育人才以及人才环境的定义,对竞技体育人才环境的概念加以界定。竞技体育人才属于人才大范畴内体育领域的人才,它遵循人才的定义,同时也凸显体育人才的特色。据此认为,竞技体育人才环境属于人才环境范畴内,是指影响竞技体育人才成长的各种外部要素,包括经济环境、教育环境、文化环境、社会环境、生活环境、工作环境、保障环境和自然环境等。

第四节 辽宁省竞技体育人才环境评价指标体系的构建

一、竞技体育人才环境综合评价指标体系的内涵与功能

1.竞技体育人才环境综合评价指标体系内涵

统计指标（Statistical Indicator），是指综合反映统计总体数量特征的概念和数值。统计指标可以反映或测量一些情况，它有助于将信息转化为更容易理解的形式并以简明的方式来描述复杂情况。统计指标由指标名称和指标数值两部分组成。指标名称反映总体某一方面的质的规定性，是对总体本质特征的一种概括，必须以一定的理论为依据做出解释，同时又要界定其范围，即要有量的规定性。指标数值是量的规定性在一定时间、地点、条件下的具体表现。同一指标名称，因具体的对象（总体以及统计时间、地点、条件）不同而有不同的指标数值。在这两部分的组合下，就可以测量和反映出总体的有关特征。单个指标只能反映总体的某一方面的数量特征，而影响竞技体育发展的因素错综复杂，统计总体往往具有多种特征。为此，就要建立一整套的统计指标。这种具有内在联系的一系列指标所构成的整体，称为指标体系。它是由一系列相互联系、相互制约的指标组成的科学的、完整的总体，它反映出了所要解决问题的各项目标要求。科学的评价指标体系应是建立在理论基础上的指标集合体，是一个有机的整体，而不能仅是指标的简单堆砌和组合。竞技体育人才环境是一个涉及自然生态、社会、经济以及某地区竞技体育现有实力等多方面的综合体，因此必须用指标体系加以评价。作为统计指标体系的一类，竞技体育人才环境综合评价指标体系具有和其他统计指标一样的基本属性，也具有自身特有的内涵。作为反映竞技体育人才环境综合状况的指标体系，应具有以下特点：

（1）指导性。竞技体育人才环境综合评价的最终目的是为了指导竞技体育人才环境建设，为优化竞技体育人才环境提供理论依据，所以，评价

竞技体育人才环境的指标体系必须体现指导性原则。

（2）多学科性。竞技体育人才环境综合评价是对竞技体育人才环境的各个方面发展状况的综合考评，涉及自然、经济、社会等多方面内容，指标的选取和设计必定要收集大量信息，涉及多个学科。

（3）动态性。马克思主义哲学认为，世界是在不断运动、变化和发展的，没有事物是永远静止的。竞技体育人才环境作为一个系统不可能静止不变，按照一定的方式发展变化，对竞技体育人才环境的认识也是不断发展，对竞技体育人才环境的综合评价也要保持动态性，与时俱进。

2.辽宁省竞技体育人才环境评价的功能

我国各省（市）政府部门越来越关注竞技体育人才环境的建设工作，许多地方将竞技体育人才环境建设纳入到促进竞技体育发展的工作中。竞技体育人才环境建设包括很多方面，它是一个比较复杂的社会系统工程，需要全社会的共同参与。为了做好竞技体育人才环境建设工作，需要对竞技体育人才环境进行科学评价，了解竞技体育人才环境状况。

本书力图构建辽宁省竞技体育人才环境评价体系，并通过这一体系的建立，为全省的竞技体育发展提供决策参考。进行辽宁省竞技体育人才环境评价的目的是衡量辽宁省整体竞技体育人才环境质量，科学评价全省竞技体育人才环境建设取得的成绩和存在的不足，为吸引竞技体育人才提供理论指导。同时，进一步促进辽宁省竞技体育人才战略的实施，让更多人关注竞技体育人才工作，从而促进全省竞技体育的发展。

本书从反映竞技体育人才环境状况的各个指标入手，进行合理的评价，从而对竞技体育人才环境进行量化。竞技体育人才环境质量的量化结果，即评价结果是对辽宁省现有竞技体育人才环境状况的诊断，为现有竞技体育人才环境中存在的问题提供警示作用；同时，为今后辽宁省的竞技体育人才环境的建设提供科学合理指导的依据，以进一步改善辽宁省的竞技体育人才环境，实现辽宁省竞技体育的可持续发展。具体地说：

（1）提供辽宁省竞技体育人才环境质量报告。建立一套科学合理的竞技体育人才环境评价指标体系，能定时、定量地对辽宁省与其他体育强省进行竞技体育人才环境的比较。辽宁省体育局可根据评价的报告对辽宁省竞技体育的人才状况有一个清楚的认识。

（2）提供警示作用。通过对辽宁省竞技体育人才环境的评价，可发现辽宁省竞技体育人才环境中所存在的问题，这些问题是哪些因素造成的，这些因素在竞技体育人才环境中的作用程度为多大。

（3）提供示范作用。通过一套成熟的竞技体育人才环境评价体系，可以对辽宁省乃至全国竞技体育人才环境进行评价，为竞技体育人才环境建设部门提供示范、建议。

（4）为辽宁省体育局提供人事部门管理和制定政策的依据。通过辽宁省竞技体育人才环境的评价，可以为省体育局人事部门提供管理人才、吸引人才、留住人才和挖掘人才潜力的依据，加速辽宁省竞技体育的发展。

对竞技体育人才环境进行评价并构建相应的评价体系，选择适当的评价指标，关键是要明确环境评价的基本要素，这些基本评价要素要能够充分反映竞技体育人才环境的基本特征，能够使竞技体育人才环境评价目标具体化和量化。当然，竞技体育人才环境主要评价指标的选择过程是困难和复杂的。

二、竞技体育人才环境综合评价指标体系的设计

1. 竞技体育人才环境综合评价指标体系设计思路

竞技体育人才环境评价指标体系的建立主要在于指标的选取及其相互间结构关系的确定，鉴于构建过程的复杂性，应通过两方面工作的结合实现对人才环境综合评价指标体系的构建：一是定性分析，从评价的目的和原则出发，考虑指标的充分性、可行性、稳定性、必要性等因素；二是定量分析，进行一定的检验使指标体系更为科学合理。具体来说，可以分为对人才环境大系统的概念性理解过程、指标初选过程和指标体系完善过程三个阶段。

2. 竞技体育人才环境综合评价指标体系设计原则

竞技体育人才环境综合评价指标体系是建立在一定原则基础上的综合

性指标的有机结合体，而非单个统计指标的简单堆积组合，为保证所建立的指标体系能真实确切地反映人才环境发展状况和水平，在体系建立的过程中，应遵循下列原则：

（1）系统性和层次性相结合。作为一个大环境系统，指标体系的建立首先要求对整个系统的准确体现，从对一个系统进行描述的角度来遴选能代表系统内部结构和反映系统整体功能的部分作为评价系统的指标；同时还从不同的层次上来考虑对系统进行表征，所以构建的指标体系本身又具有一定的层次结构，可分解为不同的层次等级，用以全面反映人才环境大系统的特征。

（2）科学性和可操作性相结合。竞技体育人才环境综合评价指标体系是在充分认识和研究其特征的基础上建立起来的，单个指标概念的内涵和外延以及其与大环境的系统的关系明确，能够度量和反映该城市人才环境的主要特征和关键问题。同时，评价指标体系必须具有可操作性，必须考虑指标数据的可获得性和评价的可实行性，从关键部分着手抓住问题的主要矛盾。

（3）动态性和稳定性相结合。竞技体育人才环境是一个不断发展变化的系统，不同时间具有不同的主要矛盾，对不同发展阶段的状况进行具体分析相应的应该采用动态的指标体系。但考虑到评价在不同时期的可比性和人才环境中相对稳定的自然环境部分，评价指标体系又应该在一定时间内具有相对稳定性。

（4）全面性和简洁性相结合。竞技体育人才环境具有复杂的内涵，要求评价描述的指标体系同样具有一定的全面型和涵盖面以全面反映人才环境的各个方面；同时，从操作性考虑，又要求评价指标体系尽可能运用综合手段反映不同方面的问题，做到简洁实用。

3.竞技体育人才环境综合评价指标体系设计的理论依据

以"竞技体育人才为核心竞争力"的我国竞技体育发展理论，已经得到体育业界乃至整个社会的一致认同。拥有高水平运动员、教练员以及科研人员的数量决定着各省的竞技体育实力。因此，竞技体育人才的培养和竞技体育人才环境的优化成为各省提升竞技体育竞争力的重要途径和目标。竞技体育人才环境是一个非常复杂的系统，我们应该从系统论的思想出发构建竞技体育人才环境评价指标体系，来评价竞技体育人才环境子系统的发展水平以及竞技体育人才环境的综合发展水平。

三、竞技体育人才环境综合评价指标体系的建立

竞技体育人才环境评价指标体系是对竞技体育人才环境进行评价的关键，基于对竞技体育人才是在整个社会大环境中生存和发展的以及竞技体育小环境的特殊性的理解，结合人才专家的意见，遵循上述指导原则，将竞技体育人才环境分为一级指标：竞技体育外部环境和竞技体育内部环境。其中竞技体育外部环境包括经济环境、社会生活环境、教育文化环境、自然环境四项二级指标；竞技体育内部环境包括竞技体育现有实力和竞技体育发展潜力两项二级指标，以此来构建竞技体育人才环境指标体系。这样便形成了一套由2个一级指标、6个二级指标和20个三级指标支撑的竞技体育人才环境评价指标体系的框架，见表4-1。

表4-1 竞技体育人才环境评价指标体系

一级指标	二级指标	三级指标
竞技体育外部环境	经济环境	X1：恩格尔系数（%）
		X2：人均GDP（亿元）
	社会生活环境	X3：社会安全指数（人）
		X4：道路指数（m^2）
		X5：公交指数（辆）
		X6：医疗指数（人）
		X7：医疗设施指数（万）
	教育文化环境	X8：科教指数（万元）
		X9：文化设施指数（册）
	自然环境	X10：城市绿化指数（%）
		X11：环保指数（万t）

续表

一级指标	二级指标	三级指标
竞技体育内部环境	竞技体育现有实力	X12：奥运会金牌数（枚）
		X13：全国运动会金牌数（枚）
		X14：国家健将级运动员人数（人）
	竞技体育发展潜力	X15：各项目二三线/一线运动员人数（%）
		X16：各项目一二三线教练员本科以上学历比例（%）
		X17：体育科医人员人数（人）
		X18：体育竞赛经费（万元）
		X19：体育训练经费（万元）
		X20：国家高水平体育后备人才基地学校（所）

对辽宁省竞技体育人才环境的分析，主要从竞技体育外部环境和竞技体育内部环境来进行，这两项指标为一级指标，它们下面包括二级指标，二级指标下面设立三级指标。竞技体育外部环境包括的二级指标有经济环境、社会生活环境、教育文化环境、自然环境四项指标；竞技体育内部环境包括的二级指标有竞技体育现有实力和竞技体育发展潜力两项指标。每项二级指标又包含着若干三级指标，用来代表竞技体育人才环境的整体特征。现在对这些要素进行具体的分析。

（1）经济环境。经济环境是反映包括竞技体育人才在内的人才环境的核心要素，即一个地区的经济发展水平直接决定着人才所必要的生活条件和工作条件，同时也是人才队伍建设基础性保障。是衡量一个地区人才环境的根本性标志，也是决定社会人才总体成长的最根本的因素，本研究以恩格尔系数和各地区人均GDP的数量两个指标来评价经济环境。恩格尔系数是指食品支出总额占个人消费支出总额的比重。它反映了一个地区居民的经济生活水平，当一个地区人们工资收入越高，恩格系数越低，越有利人才的培养教育，越有利于人才的吸引，增强地区人才吸引力。人均GDP即人均国内生产总值，是以某地区一定时期国内生产总值（现价）除以同时期平均人口所得出的结果。人均GDP是人均创造地区财富的标志，反映人才创造社会价值的水平。人均GDP具有可比性和动态性，同时也是经济发展中决定人才环境最直接、最根本的指标。在经济发展状况中，直接决定一个地区生活水平和生活质量的指标为人均GDP，人均GDP越高，人才越容易发挥自身价值，人才环境越好；人均GDP越低，人才发挥价值越低，人才环境越差。实践证明，人均GDP高的区域，人才吸引能力越强，人才越容易聚集。

（2）社会生活环境。社会生活环境反映一个地区为人才解决后顾之忧，为人才发展提供社会保障的力度，是人才能够最大化地发挥其潜能的重要支撑，是吸引人才、稳定人才的重要因素。以社会安全指数、道路指数、公交指数、医疗指数、医疗设施指数来分解社会生活环境。社会安全指数直接反映社会安全状况和政府管理能力，也是影响人才环境的优劣的重要指标，也就是说每个人都愿意在一个安全、稳定的社会环境中工作、生活，进而为社会和国家做出自己的贡献。人才只有在安全的环境中才能全身投入工作，发挥最佳人才效益。营造安全的社会环境，是优化地区人才环境的必要工作。社会安全指数越高，人才吸引能力越强，越有利于人才吸引和存储；社会安全指数越低，人才吸引能力越差，越不利于人才吸引和存储。根据指标的可获取性原则，本研究用每年交通事故每十万人事故死亡率来表示社会安全指数，死亡率与社会安全指数成反比关系，死亡率越高社会安全指数越低，反之则越高。道路指数和公交指数反映城市交通情况，每个人才都希望生活在一个道路畅通，交通便利，公共交通条件设施发达的城市。交通便利，有利于城市发展，能给人才创造良好的生活环境。道路指数是指人均城市道路面积。一般来说，道路指数越高，生活越便利，人才环境越好。道路指数越低，生活环境便利性越差，人才环境越差。公交指数是指每万人拥有的公共交通车辆数。是地区公交发展水平的标志。一般说来，公交数量越多，交通越便利，公交数量少，交通越不便利。医疗指数：每千人口卫生技术人员数量。卫生技术人员包括医生、护士以及其他检测人员等。他们的数量多少直接反应地区的医疗水平和就医的方便程度。医疗设施指数反映地区的医疗水平，随着科技进步，全球医疗水平也有显著提高，人们对医疗工作越来越重视。医疗设施设计方方面面，我们选取了医疗卫生机构床位数量作为医疗设施代表指数。医疗设施指数越高,地区医疗水平越高,越有利于人才吸引。医疗设施指数越低,地区医疗水平越低,越不利于人才吸引。

(3)教育文化环境。教育文化环境是城市发展的精神源泉,是影响人才集聚、开发和使用的重要因素,为人才环境提供文化动力支撑。人才资源的生成过程、开发过程、利用过程都具有鲜明的社会性,每个人主观能动性的发挥都依赖于教育文化环境的质量。教育文化环境能够反映一个地区未来发展的潜力,是人才成长的重要保证,更是影响人才集聚、开发和使用的重要因素。一个地区的教育条件越好、文化氛围越好,该地区的人口总体素质越高,越有助于该地区的发展。由于竞技体育的特殊性,我国竞技体育人才中教练员和运动员文化水平相对较低,因此,结合整个社会教育文化环境兼顾竞技体育行业内的情况选择了科教指数、文化设施指数来评价竞技体育人才的教育文化环境。科教指数选取教育经费投入数量来代表。教育经费的投入数量是一切教育文化环境的基础,投入数量越多说明人才环境越好,投入数量越少,人才环境越差。文化设施指数反应居民生活文化状况。随着现代生活水平的提升,人们对文化生活要求越来越高,文化环境对人才流动影响越来越大。文化设施指数越高,文化设施越完备,群众文化生活越来越方便、越丰富,越有利于人才的集聚;文化设施指数越低,文化设施越不完备,群众文化生活越不方便,越不利于人才的集聚。选取人均拥有公共图书馆藏量来作为文化设施指数的代表。

(4)自然环境。自然环境是人才环境建设不可或缺的部分。自然环境意识在人们日常生产和生活中占有重要位置。随着人们生活水平的提高,人们越来越关注自然环境。自然是人类生存之本,人类的一切生产活动都离不开自然。人类进入21世纪,随着一系列环境问题的日益显现,人类对环境保护重要性的认识正不断加深。环境保护对人才流动特别是高层次人才流动产生影响,越来越多的人在择业时考虑环保因素。主要以城市绿化指数、环保指数两项指标来评价自然环境。因气候和空气难于测量,本研究借助建成区绿化覆盖率来反映城市绿化指数,用各地区废气中二氧化硫排放情况来表达环保指数。它们也是衡量一个城市的基础建设状况、城市环境保护的主要指标,反映了居民的生活舒适程度和健康程度。

(5)竞技体育现有实力。竞技体育现有实力是指各地区现有的竞技体育发展水平。本课题用最近一次奥运会金牌总数和最近一次全国运动会金牌总数以及现有的国家健将运动员人数代表。奥运会金牌数是指各省2012年伦敦奥运会获得的金牌总数。全国运动会金牌数是指2013年第12届全国运动会获得的金牌总数。国家健将级运动员人数代表着各省高水平运动员的总量。

(6)竞技体育发展潜力。竞技体育发展潜力是指各省未来的竞技体育发展空间。能够代表竞技体育发展潜力的指标有各项目二三线/一线运动员人数、各项目一二三线教练员本科以上学历比例、体育科医人员人数、体育竞赛经费、体育训练经费以及国家高水平体育后备人才基地学校。各项目二三线/一线运动员人数是指各省二三线运动员与一线运动员的比例，它反映了各省竞技体育后备人才的储备情况。各项目一二三线教练员本科以上学历比例是指各项目一二三线具有本科以上学历的教练员所占全部教练员的比例，所占比例越高说明某省教练员队伍的文化教育情况越高。由于我国竞技体育实行的是举国体制，绝大多数是运动员在职业生涯中没有很好地接受文化教育，致使退役当上教练员后缺乏文化底蕴，相关的训练理论知识不足，训练停留在师傅带徒弟的传统模式中。这对于我国竞技体育的可持续发展是极其不利的。我国一般是采取到体育院校进修或集中培训的方式对教练员进行文化教育的补充学习。体育科医人员人数是指各省运动队所配备的体育科研人员和医务监督人员的数量。现代竞技体育既离不开科技的先导和支持，也离不开医疗的保障与控制，现代科学技术、医务监督正越来越影响竞技体育的发展，随着以奥运会为代表的竞技体育水平的提升，运动成绩的提高难度越来越大，因此各国都在训练方法、手段的科学性，高科技器材的使用以及运动损伤的预防与康复等方面加大投入，主要表现在科研和医疗人员配备的数量、质量上都有了很大的提高。体育竞赛经费是各省每年投入到各项比赛中的全部费用，包括赛会住宿费、伙食补助费、交通费、差旅费、奖励费等。竞赛经费的投入能确保教练员、运动员以及其他工作人员在比赛期间的物质保障，尤其为运动员安心比赛和激励其斗志提供可能。体育训练经费是指各省每年投入竞技体育训练所用的全部费用。竞技体育训练是一项开支很大的工程,场地器材的购买和维修、教练员和运动员的服装、教练员和运动员的伙食和训练补贴等都需要大笔的资金投入。训练效果如何,能否培养出更多、质量更高的高水平竞技体育人才,体育训练经费的投入是非常重要的保障,训练经费的不足势必会严重影响训练的效果。国家高水平体育后备人才基地学校是为全面贯彻《奥运争光计划》,实施体育后备人才精品工程,进一步推动我国竞技体育后备人才培养工作,确保我国竞技体育事业的可持续发展,根据教练员的数量、级别、科研能力,场地设施以及科医人员等作为考核条件而在各省分别设立的具有资质的体育运动学校。它在培养和输送高水平运动员方面发挥着主导作用,是我国高水平运动员培养的重要场所,同时还为我国竞技体育相对落后地区培训教练员、管理人员、科研人员等,有利于促进国内体育事业的协调发展。它对我国体育人才的培养和竞技体育运动的可持续发展起着举足轻重的作用。国家体育总局于2004年起在全国近4000所各级各类体育学校中开展了以奥运会为周期的"国家高水平体育后备人才基地"认证工作,依据"基地"认证办法和条件。国家体育总局于2009年1月15日正式命名了全国27个省(区、市)310所体育学校为"国家高水平体育后备人才基地"。

第五节 辽宁省竞技体育人才环境综合评价

本书通过专家访谈和特尔斐法构建了竞技体育人才环境评价指标体系,并对竞技体育人才环境评价指标体系中各指标要素进行了分析。接下来选取近两届全国运动会总奖牌数排名均在前5的4省1市的竞技体育人才环境进行评价,目的是对辽宁省的竞技体育人才环境和其他体育强省的人才环境进行对比,找出辽宁省的竞技体育人才环境的差距。寻求有针对性的发展对策,最终我们要改善辽宁省的竞技体育人才环境,留住人才,更加强大辽宁省竞技体育实力。本书所采用的竞技体育外部环境数据来源于2012年的中国统计年鉴,竞技体育内部环境数据大部分来源于2012年的中国体育统计年鉴，奥运金牌数与全国运动会金牌数采用的是最近一次奥运会和全国运动会的数据。因为所有数据单位不同，数据的大小对于人才环境的解读也是不同的，即有的数据大代表着人才环境好，有的数据小代表着人才环境好。因此需要对不同省份的数据进行量化分析。另外为了从整体上反映和评定不同省份的人才环境情况，还需要进行人才环境的综合评价。

一、竞技体育人才环境评价方法的选择

自 20 世纪 80 年代以来，综合评价技术的理论研究与实践活动有了很大发展，从最初的评分评价法、组合指标评价法、综合指数评价法到后来的多元统计评价法、模糊综合评价法、灰色系统评价法、层次分析法、主成分分析法、人工神经网络法等，评价方法日趋复杂化，其中卓有成效的多方面研究尤以主成分分析法、层次分析法和模糊综合评价法为主。根据指标数量和所要评价的省份数量本课题选取模糊综合评价法尝试进行竞技体育人才环境的综合评价。

模糊综合评价法是一种基于模糊数学的综合评标方法。该综合评价法根据模糊数学的隶属度理论把定性评价转化为定量评价，即用模糊数学对受到多种因素制约的事物或对象做出一个总体的评价。它具有结果清晰，系统性强的特点，能较好地解决模糊的、难以量化的问题，适合各种非确定性问题的解决。

模糊集合理论（Fuzzy Sets）的概念于1965年由美国自动控制专家查德（L. A. Zadeh）教授提出，用以表达事物的不确定性。一般步骤如下：

（1）模糊综合评价指标的构建。模糊综合评价指标体系是进行综合评价的基础，评价指标的选取是否适宜，将直接影响综合评价的准确性。进行评价指标的构建应广泛涉猎与该评价指标系统行业资料或者相关的法律法规。

（2）采用构建好的权重向量。通过专家经验法或者AHP层次分析法构建好权重向量。本课题采用专家经验法构建竞技体育人才环境的评价指标权重。

（3）构建评价矩阵。建立适合的隶属函数从而构建好评价矩阵。

（4）评价矩阵和权重的合成。采用适合的合成因子对其进行合成，并对结果向量进行解释。

二、确定竞技体育人才环境评价的指标权重

所谓的权重就是评价指标在评价体系中的重要性或评价指标在总分中所应占的比重。目前权重设置的方法有很多种，常见的有Delphi法（专家咨询法）、层次分析法（AHP法）、主观经验法和多元分析法等。主观经验法是指评价者根据自己个人或评价者群体的经验而给各个要素指定权数的方法。这种方法的优点是简单、方便、迅速，能发挥评价者长期积累的知识和经验，而且评价者能够根据实际情况和环境的变化作出迅速的调整，灵活性和针对性较强。本课题根据现有的数据资料和条件，遂采用主观经验法确定权重。15位体育局管理干部和体育人力资源的专家老师分别对各级指标的权重进行赋值，最后算出平均数得到了各个指标的权重。详细数据见表4-2。

表4-2 竞技体育人才环境各级指标权重

一级指标	二级指标	三级指标
竞技体育外部环境（43%）	经济环境（33%）	X1：恩格尔系数（64%）
		X2：GDP（36%）
	社会生活环境（33%）	X3：社会安全指数（29%）
		X4：道路指数（15%）
		X5：公交指数（15%）
		X6：医疗指数（21%）
		X7：医疗设施指数（20%）
	教育文化环境（23%）	X8：科教指数（60%）
		X9：文化设施指数（40%）
	自然环境（11%）	X10：城市绿化指数（40%）
		X11：环保指数（60%）

续表

一级指标	二级指标	三级指标
竞技体育内部环境（57%）	竞技体育现有实力（47%）	X12：奥运会金牌数（37%）
		X13：全国运动会金牌数（30%）
		X14：国家健将级运动员人数（33%）
	竞技体育发展潜力（53%）	X15：各项目二三线/一线运动员人数（20%）
		X16：各项目一二三线教练员本科以上学历比例（17%）
		X17：体育科医人员人数（13%）
		X18：体育竞赛经费（17%）
		X19：体育训练经费（20%）
		X20：国家高水平体育后备人才基地学校数（13%）

三、竞技体育人才环境指标数据的标准化

根据指标的特征，可以将各项指标分为两大类：望大指标和望小指标。望大指标即数据越大越好，如人均GDP、科教指数、各项投资经费等，这些指标数据越大越有利于人才的培养；另一类望小数据即数据越小越好，如恩格尔系数、社会安全指数（本课题是采用的交通事故死亡率，因此数据越低越好）、环保指数，这些指标越小越有利于竞技体育人才的培养和发展。数据标准化主要功能就是消除变量间的量纲关系，从而使数据具有可比性，可以举个简单的例子，一个百分制的变量与一个5分制的变量在一起怎么比较？只有通过数据标准化，都把它们标准到同一个标准时才具有可比性，一般标准化采用的是Z标准化，即均值为0，方差为1，当然也有其他标准化，如0-1标准化等，可根据自己的研究目的进行选择。本课题选择的是0-1均值法标准化。基本原理：把数变为（0，1）之间的小数主要是为了数据处理方便提出来的，把数据映射到0～1范围内处理，更加便捷快速，应该归到数字信号处理范畴之内。

例如：{2.5 3.5 0.5 1.5}归一化后变成了{0.3125 0.4375 0.0625 0.1875}

解：2.5+3.5+0.5+1.5=8,

2.5/8=0.3125,

3.5/8=0.4375,

0.5/8=0.0625,

1.5/8=0.1875.

这个归一化就是将括号里面的总和变成1，然后写出每个数的比例。选取的4个省份一个直辖市的竞技体育人才环境评价指标原始数据见表4-3。

表4-3 五省市竞技体育人才环境三级指标原始数据

三级指标	山东	辽宁	广东	上海	江苏
X1：恩格尔系数（%）	32.1	35	36.9	35.5	38.5
X2：人均GDP（元）	41147	40003	43596	73297	51999
X3：社会安全指数（人）	3974	2090	5873	944	4899
X4：道路指数（m^2）	23.62	11.27	12.51	14.04	21.86
X5：公交指数（辆）	12.41	11.03	12.90	11.79	13.21
X6：医疗指数（人）	5.02	5.54	5.62	9.92	4.67
X7：医疗设施指数（万）	41.61	21.58	32.5	10.71	29.64
X8：科教指数（万元）	10395900	6242615	15327348	5582736	13146233
X9：文化设施指数（册）	0.40	0.71	0.56	2.94	0.68
X10：城市绿化指数（%）	41.5	39.8	41.1	38.2	42.1
X11：环保指数（万t）	182.74	112.62	84.77	24.01	105.38
X12奥运会金牌数（枚）	8	5	7	4	6
X13全国运动会金牌数（枚）	65	56	50.5	45	45
X14国家健将级运动员人数（人）	325	297	307	599	338

续表

三级指标	山东	辽宁	广东	上海	江苏
X15各项目二三线/一线运动员人数（%）	23.02	8.91	28.52	11.15	25.94
X16各项目一二三线教练员本科以上学历比例（%）	59.9	56.5	52.4	67.9	62.4
X17体育科医人员人数（人）	44	72	16	56	64
X18体育竞赛经费（万元）	40166.5	4678.2	46215.6	54748.5	18957.9
X19体育训练经费（万元）	19768.1	24208.5	55288.4	19965.1	51400.5
X20国家高水平体育后备人才基地学校（所）	33	24	28	18	40

1. 望大指标的数据标准化

Y_{vk} 做的变换为

$$Y_{vk} = \frac{Y_{vk}}{\text{SUM}(Y_{vk})}$$

2. 望小指标的数据标准化

Y_{vk} 做的变换为

$$Y_{vk} = 1 - \frac{Y_{vk}}{\text{SUM}(Y_{vk})}$$

然后

$$\overline{Y}_{vk} = \frac{Y'_{vk}}{\text{SUM}(Y'_{vk})}$$

对望大指标和望小指标进行标准化处理后得到的数据见表4-4。

表4-4　各指标标准化后的数据

一级指标	二级指标	三级指标	标准化后数据				
			山东	辽宁	广东	上海	江苏
竞技体育外部环境（43%）	经济环境（33%）	X1：恩格尔系数（64%）	0.21	0.20	0.20	0.20	0.19
		X2：人均GDP（36%）	0.16	0.16	0.17	0.29	0.21
	社会生活环境（33%）	X3：社会安全指数（29%）	0.19	0.22	0.17	0.24	0.18
		X4：道路指数（15%）	0.28	0.14	0.15	0.17	0.26
		X5：公交指数（15%）	0.20	0.18	0.21	0.19	0.22
		X6：医疗指数（21%）	0.16	0.18	0.18	0.32	0.15
		X7：医疗设施指数（20%）	0.31	0.16	0.24	0.08	0.22
	教育文化环境（23%）	X8：科教指数（60%）	0.21	0.12	0.30	0.11	0.26
		X9：文化设施指数（40%）	0.08	0.13	0.11	0.56	0.13
	自然环境（11%）	X10：城市绿化指数（40%）	0.20	0.20	0.20	0.19	0.21
		X11：环保指数（60%）	0.16	0.20	0.21	0.23	0.20
竞技体育内部环境（57%）	竞技体育现有实力（47%）	X12：奥运会金牌数（37%）	0.27	0.17	0.23	0.13	0.20
		X13：全国运动会金牌数（30%）	0.25	0.21	0.19	0.17	0.17
		X14：国家健将级运动员人数（33%）	0.17	0.16	0.16	0.32	0.18
	竞技体育发展潜力（53%）	X15：各项目二三线/一线运动员人数（20%）	0.24	0.09	0.29	0.11	0.27
		X16：各项目一二三线教练员本科以上学历比例（17%）	0.20	0.19	0.18	0.23	0.21
		X17：体育科医人员人数（13%）	0.17	0.29	0.06	0.22	0.25
		X18：体育竞赛经费（17%）	0.24	0.03	0.28	0.33	0.12
		X19：体育训练经费（20%）	0.12	0.14	0.32	0.12	0.30
		X20：国家高水平体育后备人才基地学校数（13%）	0.23	0.17	0.20	0.13	0.28

四、多级模糊综合评判

因数集：

$U=\{U_1, U_2\}$

$U_1=\{U_{11}, U_{12}, U_{13}, U_{14}\}$

$U_2=\{U_{21}, U_{22}\}$

$U_{11}=\{X_1, X_2\}$

$U_{12}=\{X_3, X_4, X_5, X_6, X_7\}$

$U_{13}=\{X_8, X_9\}$

$U_{14}=\{X_{10}, X_{11}\}$

$U_{21}=\{X_{12}, X_{13}, X_{14}\}$

$U_{22}=\{X_{15}, X_{16}, X_{17}, X_{18}, X_{19}, X_{20}\}$

评判集：

$V=\{V_1, V_2, V_3, V_4, V_5\}$

1. 第一层评判

第一层评价矩阵：

$$\boldsymbol{R}_{11}=\begin{bmatrix} 0.21 & 0.20 & 0.20 & 0.20 & 0.19 \\ 0.16 & 0.16 & 0.17 & 0.29 & 0.21 \end{bmatrix}$$

$$\boldsymbol{R}_{12}=\begin{bmatrix} 0.19 & 0.22 & 0.17 & 0.24 & 0.18 \\ 0.28 & 0.14 & 0.15 & 0.17 & 0.26 \\ 0.20 & 0.18 & 0.18 & 0.32 & 0.15 \\ 0.31 & 0.16 & 0.24 & 0.08 & 0.22 \end{bmatrix}$$

$$\boldsymbol{R}_{13}=\begin{bmatrix} 0.21 & 0.12 & 0.30 & 0.11 & 0.26 \\ 0.08 & 0.13 & 0.21 & 0.23 & 0.20 \end{bmatrix}$$

$$\boldsymbol{R}_{14}=\begin{bmatrix} 0.20 & 0.20 & 0.20 & 0.19 & 0.21 \\ 0.16 & 0.20 & 0.21 & 0.23 & 0.20 \end{bmatrix}$$

$$\boldsymbol{R}_{21}=\begin{bmatrix} 0.27 & 0.17 & 0.23 & 0.13 & 0.20 \\ 0.25 & 0.21 & 0.19 & 0.17 & 0.17 \\ 0.17 & 0.16 & 0.16 & 0.32 & 0.18 \end{bmatrix}$$

第一层权重向量：

$$R_{22}=\begin{bmatrix} 0.24 & 0.09 & 0.29 & 0.11 & 0.27 \\ 0.20 & 0.19 & 0.18 & 0.23 & 0.21 \\ 0.17 & 0.29 & 0.06 & 0.22 & 0.25 \\ 0.24 & 0.03 & 0.28 & 0.33 & 0.12 \\ 0.12 & 0.14 & 0.32 & 0.12 & 0.30 \\ 0.23 & 0.17 & 0.20 & 0.13 & 0.28 \end{bmatrix}$$

第一层评判结果：

$A_{11}=\begin{bmatrix} 0.64 & 0.36 \end{bmatrix}$

$A_{12}=\begin{bmatrix} 0.29 & 0.15 & 0.15 & 0.20 & 0.20 \end{bmatrix}$

$A_{13}=\begin{bmatrix} 0.60 & 0.40 \end{bmatrix}$

$A_{14}=\begin{bmatrix} 0.40 & 0.60 \end{bmatrix}$

$A_{21}=\begin{bmatrix} 0.37 & 0.30 & 0.33 \end{bmatrix}$

$A_{22}=\begin{bmatrix} 0.2 & 0.17 & 0.13 & 0.17 & 0.20 & 0.13 \end{bmatrix}$

2. 第二层评判

第二层评判矩阵：

将一级评判结果组合起来形成二级评判矩阵：

$A_{11}=\begin{bmatrix} 0.21 & 0.20 & 0.20 & 0.29 & 0.21 \end{bmatrix}$

$A_{12}=\begin{bmatrix} 0.20 & 0.22 & 0.20 & 0.24 & 0.20 \end{bmatrix}$

$A_{13}=\begin{bmatrix} 0.21 & 0.13 & 0.30 & 0.40 & 0.26 \end{bmatrix}$

$A_{14}=\begin{bmatrix} 0.20 & 0.20 & 0.21 & 0.23 & 0.21 \end{bmatrix}$

$A_{21}=\begin{bmatrix} 0.27 & 0.21 & 0.23 & 0.32 & 0.20 \end{bmatrix}$

$A_{22}=\begin{bmatrix} 0.20 & 0.17 & 0.20 & 0.17 & 0.20 \end{bmatrix}$

第二层权重向量：

$$B_1 = \begin{bmatrix} 0.21 & 0.20 & 0.20 & 0.29 & 0.21 \\ 0.20 & 0.22 & 0.20 & 0.24 & 0.20 \\ 0.21 & 0.13 & 0.30 & 0.40 & 0.26 \\ 0.20 & 0.20 & 0.21 & 0.23 & 0.21 \end{bmatrix}$$

$$B_2 = \begin{bmatrix} 0.27 & 0.21 & 0.23 & 0.32 & 0.20 \\ 0.20 & 0.17 & 0.20 & 0.17 & 0.20 \end{bmatrix}$$

第二层评判结果：

$$A_1 = \begin{bmatrix} 0.33 & 0.33 & 0.23 & 0.29 & 0.23 \end{bmatrix}$$

$$A_2 = \begin{bmatrix} 0.47 & 0.53 \end{bmatrix}$$

3. 第三层评判

第三层评判矩阵：

$$\bar{B}_1 = \begin{bmatrix} 0.21 & 0.22 & 0.23 & 0.29 & 0.23 \end{bmatrix}$$

$$\bar{B}_2 = \begin{bmatrix} 0.27 & 0.21 & 0.23 & 0.32 & 0.20 \end{bmatrix}$$

将二级评判结果组合起来形成三级评判矩阵：

$$\bar{B} = \begin{bmatrix} 0.21 & 0.22 & 0.23 & 0.29 & 0.23 \\ 0.27 & 0.21 & 0.23 & 0.32 & 0.20 \end{bmatrix}$$

第三层权重向量：

$$A = \begin{bmatrix} 0.43 & 0.57 \end{bmatrix} \quad B = \begin{bmatrix} 0.21 & 0.22 & 0.23 & 0.29 & 0.23 \\ 0.27 & 0.21 & 0.23 & 0.32 & 0.20 \end{bmatrix}$$

第三层评判结果也即综合评判结果：

$$B = \begin{bmatrix} 0.27 & 0.22 & 0.23 & 0.32 & 0.23 \end{bmatrix}$$

五、五省市竞技体育人才环境不同维度评价结果

1. 五省市竞技体育人才环境综合比较分析

经过第三层评判结果也即综合评判结果得出各省市的综合评价标准化数值。如图4-1所示，五省市竞技体育人才环境综合指标排名顺序为第1名：上海；第2名：山东；第3名：广东和江苏并列；第5名：辽宁。说明上海的竞技体育人才吸引力最强，山东次之，辽宁最差。这也符合现实的情况，目前辽宁的优秀运动员和教练员外流最为严重，大多流入到广东、江苏、上海等地。这也足可证明，人才环境的优劣对于人才的吸引力是非常重要的。例如：李晓霞、刘子歌、马林、王仕鹏、周鹏等明星运动员虽然是都是辽宁出生的，但都是训练途中被其他省份"挖"走，而效力于其他省份。单就篮球项目而言，在CBA赛场上几乎每个队伍里面都有辽宁籍的球员，正如辽宁队主教练在一次座谈节目中历数自己带过的青少年队员，大半都已经效力于其他省份的俱乐部了。这在某种程度上说明辽宁的竞技体育人才环境确实较差，对于人才吸引力不够。

从第11届和第12届全国运动会的成绩也能看出，竞技体育人才环境的优劣对于一个地区竞技体育发展的作用。近两届五省市全国运动会奖牌总数及人口总数见表4-5。山东连续两届获得奖牌榜排名第一，辽宁在第11届全国运动会上排名第三，在第12届全国运动会上尽管占尽主场优势，辽宁队还是屈居第二，广东从第11届的第二落到第12届的第四，江苏队由第四落到了第五，而上海队从第四上升到第三。虽然，山东和辽宁均比上海排名在前，但从各省市的人口规模比较中就能看出竞技体育人才环境对于各省市竞技体育发展的影响。山东、辽宁、广东的人口分别是上海人口的4倍、近2倍、近5倍，在这样的人口悬殊的情况下，上海在两届全国运动会上能够获得如此好的成绩不能不说是竞技体育人才环境优势的结果，这和竞技体育人才环境的评价结果是相符的。

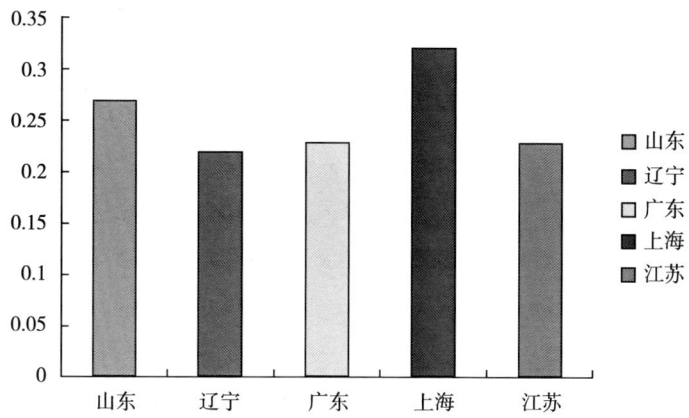

图4-1 五省市竞技体育人才环境综合指标排名

表4-5 第11、12届全国运动会奖牌总数排名前五的省、市

省份	第11届	排名	第12届	排名	人口
山东	153	1	155.5	1	95793065
辽宁	127	3	145	2	43746323
上海	121.5	4	129.5	3	23019148
广东	130	2	121	4	104303132
江苏	121.5	4	117	5	78659903

2.五省市竞技体育人才环境的内外部环境（一级指标）比较分析

如图4-2所示，第二层评判结果显示竞技体育外部环境的指标排名顺序为第1名：上海，第2名：江苏和广东并列，第4名：辽宁，第5名：山东；竞技体育内部环境的指标排名顺序为第1名：上海，第2名：山东，第3名：广东，第4名：辽宁，第5名：江苏。竞技体育内部环境和外部环境共同构成了竞技体育人才的总体环境。从内外部人才环境的排名来看，上海市均是最好的，山东省的竞技体育外部环境较差，排在了最后。而内

部环境较好,排在第二名。辽宁的竞技体育内外部环境相较其他几个省市均是较差的,都有较大的改善空间。

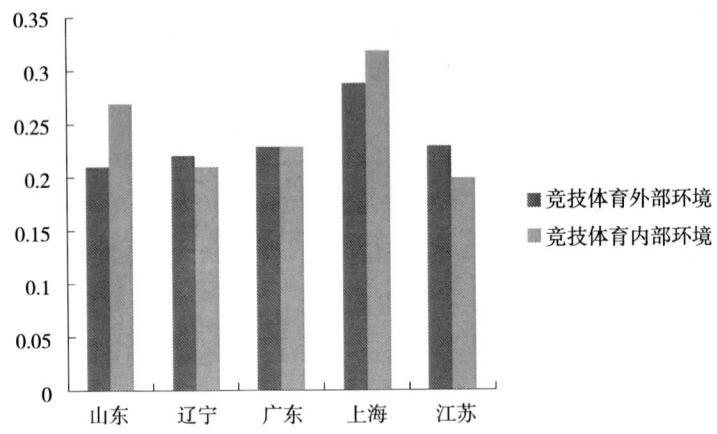

图4-2 五省市竞技体育内外部环境发展情况

3.五省市竞技体育人才环境二级指标比较分析

为了更好地分析各省份竞技体育人才环境,为今后的工作提供依据和参考,下面对五省市的六项二级指标进行分析,如图4-3所示

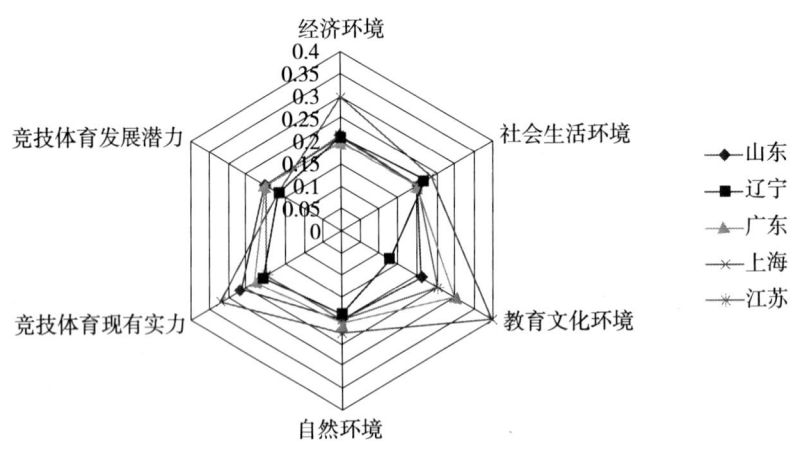

图4-3 五省市二级指标发展情况

上海市的经济环境、社会生活环境、教育文化环境、自然环境和竞技

体育现有实力发展较好，均明显高于其他省份，发展的短板在于竞技体育发展潜力，通过对比表3得出各项目二、三线/一线运动员人数和国家高水平体育后备人才基地学校数导致竞技体育发展潜力指标得分较低，建议上海市注意加强竞技体育发展潜力建设。

辽宁省竞技体育人才环境总体情况较为落后，尤其是教育文化环境、竞技体育现有实力和竞技体育发展潜力项均位于四省一市中的最后，对比表3得出科教指数、国家健将级运动员人数、各项目二、三线/一线运动员人数、体育竞赛经费投入等项均低于其他四个省份，建议今后加强。辽宁作为体育强省，在训练经费上的投入每年投入24208.5万元，比山东和上海多，居于五省市第3。这说明辽宁比较重视训练，但体育竞赛经费投入仅4678.2万元，比其他各省市均少很多，甚至不如广东、江苏的十分之一，这说明辽宁省在组织赛事和对优秀运动员赛后的奖励上不如其他省份，造成青少年运动员比赛锻炼机会相对减少、优秀运动员的激励机制不够等。各项目二、三线运动员占一线运动员的比例仅为8.91%，位于五省市的最后，这说明辽宁省竞技体育的后备人才十分缺乏，甚至不足广东、江苏的三分之一。从图4-3所示数据能够看到辽宁的社会生活环境还是不错的，仅次于上海位于第二，从数据上看主要是因为辽宁省的社会安全情况远远好于其他省市。

第六节　人才环境视角下辽宁省竞技体育的发展对策

一、辽宁省竞技体育人才环境存在的问题

从表4-6可以看出五省市的竞技体育人才环境二级指标得分情况。辽宁省在经济环境、教育文化环境、自然环境、竞技体育现有实力以及竞技

体育发展潜力上均落后于其他省市。经济环境指标中辽宁省的人均GDP最低，仅40003元。教育文化环境指标中辽宁省的标准化数值才0.13，和其他省市的差距是巨大的，主要是因为辽宁省的教育经费投资仅6242615万元，不足广东、江苏的一半。仅比上海多一点，但上海的人口数量远远比辽宁少。自然环境指标辽宁省和山东省并列处于落后的位置，主要原因是辽宁位于北方，城市绿化较差，另外辽宁是传统的重工业省份，空气污染相对南方较差。竞技体育现有实力指标辽宁仅好于江苏省，主要是国家健将级运动员人数和奥运金牌数少于其他省市。竞技体育发展潜力指标辽宁和上海均较其他省差，主要存在以下差距：各项目二三线／一线运动员人数较少，仅为8.91%，这说明辽宁省竞技体育后备人才储备已经到了不足的时候了，应该引起重视。竞赛经费投入不足仅为4678.2万元，这说明辽宁省在组织赛事和对优秀运动员赛后的奖励上不如其他省份，造成青少年运动员比赛锻炼机会相对减少，优秀运动员的激励机制不够等。国家高水平体育后备人才基地学校较少仅为24所，这也同样说明我省的竞技体育后备人才面临不足的困惑。

表4-6 五省市二级指标得分情况

省份	经济环境	社会生活环境	教育文化环境	自然环境	竞技体育现有实力	竞技体育发展潜力
山东	0.21	0.20	0.21	0.20	0.27	0.20
辽宁	0.20	0.22	0.13	0.20	0.21	0.17
广东	0.20	0.20	0.30	0.21	0.23	0.20
上海	0.29	0.24	0.40	0.23	0.32	0.17
江苏	0.21	0.20	0.26	0.21	0.20	0.20

二、以人才环境理论为视角提出辽宁省竞技体育的发展对策

人才与人才环境之间存在着相互影响、相互制约的关系。人才在考虑

流动的时候，首先会比较各个地区的环境状况，从而选择环境较好的地区，或选择更适合其发展的地区。人们会通过制定实施相应政策法规等努力去改善和优化人才环境，与此同时人才的大量培养、聚集和开发利用，也是优化人才环境的重要途径。根据对辽宁省竞技体育人才环境的具体情况分析，为辽宁省竞技体育的发展提出以下策略：

1. 拓宽渠道，创造有利经济条件，吸引竞技体育人才

人才环境具有一定的对比导向功能。通过对不同人才环境的对比分析，人们必然对自己所处环境的优劣作出相应的评判，这种对比分析必然会引导人们采取相应的对策与行动。当人们认为所处环境不好，受到不公正待遇时，大部分人将会以消极的态度去行动，例如：去更舒适、待遇更好的环境去工作。

随着社会主义市场经济的发展，现代体育逐步走向社会化、职业化、商业化，竞技体育人才的竞争也日益激烈。竞争必然引起人才流动，竞技体育是竞争性很强的行业之一，而且竞技体育人才流动可能比其他行业更快更猛。因此，国内各地区纷纷实施各自的人才战略，来鼓励和吸引优秀文化体育人才，为其竞技体育发展提供必要的人力资源保证。例如：2004年北京市对这部分人才在购房、购车、职称评定等八个方面给予优惠。鼓励社会组织和个人向竞技体育人才培养机构捐赠，捐赠人可以依法对捐赠的工程项目留名纪念，并依据《中华人民共和国公益事业捐赠法》享受税收等优惠。面对目前辽宁省竞技体育人才流失的局面，必须要去考虑人才最基本的需要，从而创造一定的有利条件来吸引人才。

在竞技体育人才外部环境几个要素中，最重要的就是经济环境，虽然我们在短时间内很难改变辽宁省的经济状况，但是可以通过提供有利经济条件来增强吸引力，如优越的居住条件和良好的创业环境、高薪高职等等。而政府与相关的管理者都应在这个问题上解放思想，不惜代价招揽人才，应该打破传统的人才管理机制，建立有利于人才流动的制度，例如在人才的户口管理、子女入学、家属就业等方面制定相应的优惠政策，这样会更有利于人才的引进。省、市、县人民政府应当将体育事业经费、体育基本建设资金列入本级财政预算和基本建设投资计划，并随着国民经济的

发展逐步增加。省、市、县财政部门应当在每年体育事业经费预算中安排竞技体育人才培养经费。倍受球迷关注的中国男子篮球职业联赛上，我们会看到不少熟悉的NBA球星的面孔，而山西汾酒队请到的分别有着"三双王""得分王"美誉的外援马库斯·威廉姆斯和查尔斯·甘尼斯以及北京队连续几个赛季都请到了原NBA球星马布里。这就充分说明只要有"梧桐树"，"凤凰"总会飞来的。

省、市、县人民政府对在全国运动会、亚运会、奥运会等重大比赛取得优异成绩的运动员及其教练员和输送单位给予奖励，对教练员还应给予输送奖和追踪奖。

在市场经济条件下，体育不能游离于市场之外，只有用市场经济机制运作体育，体育事业才能加快发展。社会主义市场经济条件下的体育，不仅是一项事业，同时也是一项产业，既要为提高全民族身体素质服务，又要为国民经济发展服务。现在，体育产业在国民经济中所占份额还很小，但却是一个很有前途的产业。体育产业的兴起，是发展体育事业的需要，也是走具有社会主义特色的体育发展之路的必然。从发展眼光看，国家财政资金与事业发展的供求矛盾将长期存在，要想国家在短期里拿出很多钱用于发展体育事业是不现实的。开展创收，发展体育产业，增加自我造血功能，这一改革打破了由国家财政包揽全局的被动局面，促进了体育事业的发展，缓解了资金的供需矛盾，此改革的前途是光明的。但这一行业毕竟是个"新生代"。难免步履维艰，需要有关部门及社会各界的关注和扶持。政府和有关部门应对新兴的体育产业给予必要的支持。首先，在税收上应同教育行业一样给予免税。其次，给予发展基金或低息贷款。再次，加强对收入与支出的监管力度。社会应大力发展参与性和休闲性体育健身娱乐业、纪念品制造业和体育用品、体育设施建设业、体育彩票业、体育文化传媒业、体育中介业、咨询业，基本形成结构合理、充满活力的有序的体育产业市场。国家体育总局和辽宁省及各市应加快体育竞技管理体制和运行机制改革创新，为发展体育产业和引导体育消费从宏观上给予指导，在体制上提供保证。

竞技体育社会化不仅有利于体育事业的发展，而且是加速实现我省体育战略目标的主要手段。社会办高水平运动队，转变体委一家办为多家办的新局面，这样既弥补了体委办体育事业经费不足，又提高运动技术水平，达到培养体育人才的目的同时也提高了全社会参与体育的意识和机会。当然，在这一新生事物出现和发展中，尤其是在社会主义市场经济体制下，必然会存在一定的问题。因此，必须发动社会的力量来办竞赛，走社会化的道路。社会办竞赛主要有以下几种形式：

（1）官办民助：由体委等政府部门举办，企业出钱赞助。如锦州承办全国女排锦标赛，是由安踏、吉利等许多企业赞助的。

（2）企业自办：由企业单独承办体育竞赛，经费完全由企业承担，体委提供场地器材和给予业务指导。

（3）协会自办：即由各种单项协会组织各种体育竞赛，如锦州市乒乓球协会举办的乒乓球赛、钓鱼协会举办的钓鱼比赛等。经费完全由协会自筹。

（4）民办官助：即由企业出钱承办比赛。由体委在业务上给予指导，并补贴部分经费。

（5）个人举办：即由个人出钱举办体育比赛。如开原县农民刘驰个人拿出一万元，举办东北三省象棋比赛。

2.深化体制改革，营造优良的工作环境

竞技体育人才的培养实行政府主导和社会参与相结合的原则，建立多渠道、多层次的人才梯队，形成由初级、中级到高级相互衔接、良性循环的发展体制。创新的动力来源于人才，只有人才管理体制不断创新，才能为体育人才的成长提供良好的环境。对竞技体育人才而言，深化体制改革是营造良好工作环境的重要保证，那就要创建和谐的比赛环境、合理的薪酬机制，及强化激励机制等。

创建和谐的比赛环境是竞技体育人才得以健康成长和发展的重要条件。"公开、公平、公正"的精神是奥林匹克精神的精髓，它要求人们在竞争中必须遵守规则、遵守制度、公平竞赛。同时"公平、公正"也是竞技体育可持续发展的必然要求。然而在现代竞技体育中存在着许多不公平因素，这些不公平因素影响了现代竞技体育的公正性和严肃性，因此这一现象也成了人们关注的焦点。荣誉与成就感使竞技体育从业人员更多地关心自己的得失，关心自己的荣誉和利益，进而导致他们形成与社会生活规范、道德观念相背离的错误价值观。例如："吹黑哨""踢假球"、兴奋剂、语言粗鲁、肢体冲突等都是比赛中不和谐的因素。为此，就必须加强对竞技体育人才的管理和教育，不仅仅用制度来约束他们的行为，更重要的是要通过教育使他们真正领会到奥林匹克精神，遵守最基本的职业道德，树立正确的价值观。

建立合理的薪酬制度。继续深化薪酬制度改革，以核心人才为重点，以成绩和贡献为主要依据，拉大与普通体育从业人员的待遇标准，使优秀人才得到优厚物质条件保障，激发竞技体育人才的积极性和创造性，防止人才流失。这就要求政府拿出专项资金来改善和提高竞技体育人才特别是突出人才的待遇，逐步实现薪酬分配与激励机制相结合，岗位工资与绩效工资相结合，体现多劳多得的原则。

充分发挥激励机制的作用，激发人才的内在动力，调动他们的工作激情，是稳定现有竞技体育人才的内在要求，也是营造良好工作环境的基础。辽宁省竞技体育事业也应该结合本省的实际情况，建立一定的奖励制度。加大对取得优异成绩和做出突出贡献的体育人才的奖励力度，体现高才高薪、特才特薪的原则。同时还应当从人的心理需求出发，确立符合人才自身特点的精神激励新观念，综合运用社会地位、工作目标、信息激励等多种激励手段。

3.推行教育投资主体多元化，加强运动员的文化素质教育，改善辽宁省的教育文化环境

政府应该加大教育投资，保证基础教育发展的同时要大力提升文化设施建设，确保普通大众的再学习愿望得以实现，构建学习型社会，营造良好的文化氛围。另外，要推行教育投资主体多元化。要改变目前政府过多包揽教育投资和投资办学的模式，积极鼓励和扩大社会各界、企事业单位和个人对教育的投资，逐步形成一种以政府投资办学为主，社会、单位、个人等主体共同参与投资办学的新的投资格局；继续扩大开放，争取国外教育机构来辽宁投资办学，帮助辽宁培养各类人才。

改善辽宁省的教育文化环境，吸引和留住优秀竞技体育人才，加强运动员的文化科学知识教育刻不容缓。竞技体育发展的普遍现象是运动员文化教育的缺失，这不能不说是竞技体育发展与时代的不和谐、不科学的现象。一个不争的事实是管理者一味地追求运动员出成绩，很少关心运动员文化科学知识的教育，没有真正想到运动员退役后的谋生之路。新时代要求社会的发展要以人为本，实现人的科学发展。竞技体育这种现象完全是管理者管理的缺位，追求成绩固然重要，但是成绩的取得和科学文化知识的高低是相辅相成的，二者有必然的联系。在进行严格训练的同时，要进行严格的文化教育，只有加强正确的领导，加强管理者政治思想工作，确立科学文化与竞技共同发展的核心地位，才会造就一支有成绩，有素质的优秀队伍。我国运动员文化教育体系创建于建国初期，对于优秀运动员文化教育起到了相当重要的作用。但是，由于当前社会和竞技体育领域的"以金牌论英雄"观念，导致了在很多运动队出现运动训练在和文化教育抢时间的不良现象。在竞技体育的竞争压力之下，他们将文化教育看作是为运动训练而服务的，在全国运动会、亚运会、奥运会等大型比赛前一年就开始停下文化课学习而备战，以牺牲运动员文化教育的机会为代价来换取运动成绩的提高，然而结果也往往事与愿违。随着社会的不断进步和发展，竞技体育对运动员的要求也在不断提高，传统的竞技体育人才培养模式已经不能满足已发生深刻变化的社会需求。

在优秀运动员的培养方面，我们应该借鉴一些发达国家的成功经验。西方发达国家相当一部分优秀运动员在不断出成绩的同时仍能把大学读完。如美国国家队队员的主要来源是大学，更不可思议的是，人们会发现大批的奥林匹克金牌得主，大批的美国NBA、NFL等职业体育比赛的球星竟然是出自世界顶尖级名校，如斯坦福大学、耶鲁大学等。

优秀运动员的体育成绩与其文化教育并不是矛盾体，而是相辅相成的。面对辽宁省竞技体育人才文化素质的现状，应当在加强人才资源开发和培养的同时，使运动员文化教育最终纳入大教育系统。但是，由于优秀运动队流动性强、运动员年龄与文化水平参差不齐、学习时间不固定等特殊情况，这就决定了运动员的文化教育必然是一种特殊教育，必须遵循竞技体育和文化教育相结合的原则,并且要结合辽宁省的具体情况来办教育。例如:加强普通高校中体育专业学生的专业能力的培养,使其成为优秀运动员的主要来源;运动员统一时间集中面授与分散自学相结合;将学历教育与职业培训相结合;对运动员实施分段教学和长学制等弹性学习制度等,可以允许运动员分阶段完成学业,甚至可以通过远程教学来学习。采取这些灵活多样的组织形式和教学机制,将有助于运动员在训练的同时也能补充文化知识,提高自身的总体素质。当然,这也是一项复杂的系统工程,它需要体育系统、教育系统乃至全社会的努力和支持方能得以实现。

加快立法,出台有关运动员文化教育的法规,以法律化的形式对运动员的学习管理进行宏观指导,使文化教育工作有法可依;加强运动员文化教育的执法监督力度,使运动员受教育的权力得到落实和保护。高等体育院校是优秀运动队的运动员进行高等教育的主要院校,承担着优秀运动员文化教育的责任和义务,因此充分发挥体育院校的资源优势,从政策上打破运动员进入体育院校其他专业学习的瓶颈,根据运动员的实际情况和个人自愿,有选择性地进行不同的专业教育,解决专业教育与就业岗位脱离的问题。

4.完善社会保障机制,优化社会生活环境,稳定竞技体育人才

随着我国竞技体育的不断发展和全社会保障体系的不断完善,为竞技体育人才建立健全的社会保障体系已成为当前体育改革的重点。完善的社会保障体系,充分调动运动员竞赛和训练的积极性,同时也是社会主义市场经济发展和竞技体育逐渐社会化的必然要求。

如何提高优秀运动员福利问题,解决这些运动员退役后的安置问题,切实实现对优秀运动员的保障,是关系到辽宁省竞技体育能否可持续发展的现实问题。体育事业发展的实际情况表明:单纯依靠国家支持、政策法规保障和制度支撑已经很难发挥全面作用。这要改善社会保障相对较差的情况,就要加强领导班子对竞技体育的重视,加大领导机构对运动员社会保障制度工作执行的力度;就应当加强对运动员、教练员等竞技体育人才的人文关怀,帮助他们解决生活、就业、家庭等各方面的困难;配合本省卫生部门和医疗单位,切实解决运动员、教练员的医疗难的问题;制定优

秀运动员退役后就业安置的优惠政策，不仅从经济上给予一定的补偿，重要的是拓宽运动员再就业渠道，时时处处体现"以人为本"的现代观念。

2006年，曾经的全国举重冠军邹春兰退役后因缺乏一技之长沦落为搓澡工，引起社会轰动。这样的现象并非个例，冠军的光环褪去，退役之日就是艰难生活的开始。冠军运动员尚且如此，更何况那些没有突出成绩的普通退役运动员呢。运动员退役后就业难的问题一直存在。我国特定的历史环境和国情，决定了我国竞技体育推行"举国体制"的发展模式。在这种模式里，中国运动员往往是在少体校、青年队、省体工队的集中训练下成长和发展起来的，由于无法兼顾文化课的学习，导致多数运动员除了自己的专项特长以外，缺乏其他能够谋生的一技之长，这也直接影响了他们退役后的出路。因此，在完善保障机制的同时，还应该加强宣传，使优秀运动员的保障问题引起社会的普遍关注，依靠社会的力量拓宽优秀运动员再就业的途径；加强体育部门和教育部门合作，开辟训练与学习相结合的途径，贯彻实施退役优秀运动员免试进入高等院校学习的政策，为退役运动员接受高等教育争取更多的特殊优惠政策；成立退役运动员就业培训的专门机构，根据运动员自身项目的特点进行就业指导和培训，全面提高运动员自身素质，培养新型的竞技体育人才，满足就业需求。

近年来，辽宁省也在不断加强竞技体育人才的研究投入，并于2009年8月开始实施《辽宁省竞技体育人才培养和退役安置办法》，以改善辽宁省体育人才培养体制的落后和退役安置政策的不完善。该文件对运动员的退役安置做出了规定。文件指出："优秀运动员的退役安置实行自主择业、上学深造、政府指导性安置和政府指令性安置等方式。鼓励和支持优秀运动员退役后自主择业或者通过进入高等院校学习毕业后就业。优秀运动员退役后，省体育行政部门按规定发给退役费。"而社会保障机制的不断完善还需要制定更科学、具体的制度甚至法律，并加大实施的力度。获得奥运会前8名，世界锦标赛、世界杯赛和全国运动会前3名，亚运会前2名的运动员退役时，符合教师岗位任职资格的，高等学校可在编制限额内，采取考核方式招聘到体育教学岗位工作。取得大专以上毕业证书并具有相应教师资格的退役运动员，可采取考核方式招聘到中小学体育教学岗位工作。体育行业、体育服务业、体育运动学校以及用体育彩票公益金或政府资金建立的体育运动场所新增就业岗位，应当优先安排退役运动员；需要体育骨干的非体育系统单位，同等条件下也应优先选用退役运动员。对自主择业、自谋出路和进入高等院校学习的退役运动员，实行一次性经济补偿。具体补偿标准，按照国家和省有关规定执行。省、市、县人力资源社会保障部门所属职业培训、鉴定机构应当向退役运动员提供职业技能培训、考核鉴定服务，所需经费在同级财政年度经费预算中列支。

5.加强后备力量培养，提高辽宁省竞技体育发展潜力

体育部门要与教育部门密切配合，通过与大、中、小学校的合作，采取优势互补的方式，坚持走"体教结合"的道路。在加强和深化体育改革（包括学校体制改革）的同时，政府要加大对学校体育工作的领导力度，要在财力、物力和政策上给予一定的倾斜，保证学校体育教育顺利开展。与此同时尽可能争取更多的社会资助，借助企业的力量走联合办各类高水平运动队的道路，真正把学校办成国家培养高水平体育后备人才的主要基地。在后备人才的培养方面，要着眼于体育事业的长足发展，树立对后备人才的投资观点。充分挖掘人才潜力，避免急功近利，追求短期目标的消极行为。加强各级高水平体育人才后备基地的建设和教学管理，把有限的资金用于人力资本的增值，合理缩短人才的培养周期。竞技体育后备人才是竞技体育发展的基石。竞技体育后备人才的培养是一个长远的系统工程，关系到竞技体育事业的可持续发展。辽宁省竞技体育后备人才培养的训练经费仍主要以政府拨款为主，多数单位仍存在训练经费不足问题，导致用于训练的场馆较少且设施陈旧简陋。加大场馆建设，满足大众健身需求，以此来带动竞技体育的发展。民众重视健身，就会影响下一代的健身习惯，更容易进行选材。因此，加强竞技体育后备人才的培养，首先应发动社会的力量，多渠道筹集训练经费，加强运动训练的基础设施建设，特别是训练场馆的建设，进一步完善训练设施的配套建设，以改善其训练条件；应当加强对各高校中体育专业学生的培养，有效地利用高校中完备的体育设施、强大的科研力量和人才储备的优势，实现"体教结合"，来作

为我省竞技体育改革的一个突破口;积极开发一批国家高水平后备人才基地、省优秀后备人才基地,以及青少年体育运动俱乐部,充分利用我省高等体育院校与体育运动训练专业学校的人力、物力资源优势。近年来辽宁省创建了24所国家级人才基地,为辽宁省竞技体育后备人才的培养奠定了基础。省、市、县体育行政部门和教育行政部门应当将开展学生体育活动形成传统、并在体育运动项目技能上具有特色的中小学校,确定为体育传统项目学校。为了保证辽宁省后备人才培养的良性发展,为国家培养更多的高水平体育人才,辽宁省人民政府应该严格执行2009年制订的"辽宁省竞技体育人才培养办法",真正以立法形式明确各级体育组织的责、权、利,保障各级体育组织的权益。在经费投入、选拔培训、管理办法等方面均做出明文规定,同时在运动员输送交流方面也要进行规范。运动人才的培养和储备必须要

有合理的规章制度和交流机制为保障,健康的人才培养环境才能为辽宁、为国家培养更多的高水平竞技体育人才。

总之,我们要通过发展经济,提高生活条件,确保人才待遇,有一个坚实的经济基础;发挥和利用辽宁资源优势,强化特色优势项目;加强教练员和运动员的培训和学习交流,提高其文化素质与专业素质;治理污染,绿化美化城市,建设舒适美好的城市环境;建立完备的竞技体育人才选拔、培训、流动、竞争机制,营造健康、合理的训练环境;等等。这样,竞技体育人才环境就会得到进一步的改善,需要的人才也就会应邀而至。对从事竞技体育运动的运动员进行档案管理,选材具有倾向性。省政府对经济条件相对落后的市、县实行补贴制度,使这些地区的好苗子能够被选材,尤其是体能主导类项目的选材。

第七节 结 语

竞技体育人才环境评价指标体系由2个一级指标、6个二级指标和20

个三级指标构成。其中一级指标包括竞技体育内部环境和竞技体育外部环境；二级指标包括经济环境、社会生活环境、教育文化环境、自然环境、竞技体育现有实力和竞技体育发展潜力；三级指标包括恩格尔系数、人均GDP等20个指标。

竞技体育人才环境综合评价方法适于采用模糊数学评判法，能够客观、合理地对竞技体育人才环境这一综合复杂的系统进行综合评判。辽宁省竞技体育人才总体环境处于我国体育强省（四省一市）的最后，上海市是全国竞技体育人才环境最好的省份。上海市的经济环境、社会生活环境、教育文化环境、自然环境和竞技体育现有实力发展较好，均明显高于其他省份，发展的短板在于竞技体育发展潜力。辽宁省教育文化环境、竞技体育现有实力和竞技体育发展潜力项均位于四省一市中的最后。具体表现在科教指数、国家健将级运动员人数、各项目二三线/一线运动员人数、体育竞赛经费投入等项均低于其他四个省份。

参考文献

[1] 陈京辉，赵志升.人才环境论[M].上海：上海交通大学出版社，2010.

[2] 关乐原.新世纪中国人才战略发展的探索[M].北京：中共中央党校出版社，2006.

[3] 赵恒平，谢玉成，雷卫平.关于人才环境的逆向思考[J].武汉理工大学学报（社会科学版），2004，17（6）：797-800.

[4] 于晶.中西部地区人才环境评价与分析[D].赣州：江西理工大学，2009.

[5] 常红军.人才环境的评价与分析[D].广州：广东省社会科学院，2007.

[6] 王顺.中国城市人才环境综合评价研究[D].北京：中国农业大学，2005.

[7] 曾颖.我国城市人才环境综合评价研究[D].北京：首都经济贸易大学，2008.

[8] 俞继英，沈建华，杨再淮，等.21世纪我国竞技体育人才资源可持续开发的思考[J].上海体育学院学报，2004，28（1）：1-6.

[9] 陈颜.我国竞技体育人才资源区域差异研究[J].体育文化导刊，2009（1）：15-22.

[10] 王岗，梁维卿.山西经济与竞技体育成绩的相关研究[J].山西师大体育学院学报，2003，18（2）：6-8.

[11] 谢爱莲.中部地区崛起中人才资源开发战略研究[D].南京：南京航空航天大

[12] 张鲲,蔡恩伦,姚婧,等.我国竞技体育人才资源流动的特征及趋势[J].体育学刊,2008,15(2):32-35.

[13] 封洁,王惠忠.对辽宁省人才外流的思考[J].经济师,2005(7):131-133.

[14] 苏新荣.我国竞技体育人才流动中存在的问题及对策[J].南京体育学院学报,2007,6(1):91-93.

[15] 潘慧文,隗金水,邹亮畴,等.竞技体育人才交流与本土人才培养的关系探讨[J].山东体育学院学报,2004,20(64):16-18.

[16] 李艳,李崇华,杜宁.浅谈我国竞技体育人才的培养和管理[J].内江科技,2010(8):4-5.

[17] 张凤霞.辽宁省优秀运动员社会保障就业现状的初步研究[J].成都体育学院学报,2002,28(6):23-24.

[18] 余宇.中国运动员劳动权法制保障研究[D].北京:北京体育大学,2010.

[19] 颛慧琳.辽宁省人才引进的障碍及其排解[J].山西青年管理干部学院学报,2001,14(2):39-41.

[20] 冯庆梅,夏思永.我国竞技体育后备人才培养的发展对策研究[J].山东体育学院学报,2006,22(6):29-31.

[21] 孙鲁芳,孟军.我国竞技体育人才培养中的有关问题分析[J].武汉体育学院学报,2003,37(3):180-182.

[22] 杨曦,张功.对我国青年竞技体育人才培养模式的研究[J].科教纵横,2008(10):199.

[23] 张贵敏,曹继红.论我国竞技体育后备人才培养体制的转型[J].沈阳体育学院学报,2004(5):1-3.

[24] 刘一鸣.江苏省竞技体育人才20年动态变化及发展趋势研究[D].南京:南京师范大学,2008.

[25] 邹师.辽宁省竞技体育人才成长环境的社会学分析[J].体育文化导刊,2007(11):7-10.

[26] 陈小满.我国体育人才队伍现状及对策的初步研究[D].武汉:武汉体育学院,2006.

[27] 董晋,刘生杰,李建英.辽宁省体育人才资源现状的调查研究[J].成都体育学院学报,2007,33(1):42-45.

[28] 宋全征.中国竞技体育人才开发[M].北京:北京体育大学出版社,2004.

[29] 吕高飞,申洪山.山西竞技体育人才发展试探[J].体育文化导刊,2008(9):

22-24.

[30] 高雪峰.我国体育系统人才资源开发战略研究[D].北京：北京体育大学，2007.

[31] 李煌.未来10年我国竞技体育人才发展的趋势[J].湖北体育科技，2003，22（1）：16-20.

[32] 谢克昌.牛冲槐.中国不发达地区人才稳定与合理使用研究[M].北京：地质出版社，2001.

[33] 张寒.辽宁省人才资源开发的环境与对策[J].经济师，2004（12）：263.

[34] 吴志勇，辛峰.从全国运动会看辽宁省竞技体育发展的战略研究[J].今日南国，2010(2)：200.

[35] 吴彪，魏家俊.我国竞技体育人才资源培养的现状分析及对策[J].贵州体育科技，2009(1)：11-13.

[36] 章月.我国各省市竞技体育水平与其现代化程度的相关研究[D].北京：北京体育大学，2007.

[37] 胡萍.中国竞技体育资源配置评价与优化对策研究[D].哈尔滨：哈尔滨工程大学，2009.

[38] 周建梅.区域经济发展与体育人才培养[D].北京：北京体育大学，2004.

[39] 陈立华.竞技体育管理体制及其创新研究[D].大连：大连理工大学，2002.

[40] 朱桂林，董众鸣，杨浩.我国竞技体育人才培养主体博弈格局及若干思考[J].武汉体育学院学报，2007，41（5）：18-23.

[41] 黄立丰.改革开放进程中的人才软环境建设研究[D].桂林：广西师范大学，2008.

[42] 程广周.城市人才环境构成与评价指标体系研究[D].天津：天津大学，2009.

[43] 韩峰.城市人才集聚环境研究[D].青岛：中国海洋大学，2008.

[44] 申亚楠，郭春明.辽宁省人才流失状况分析[J].山西高等学校社会科学学报，2002，14（4）：42-43.

[45] 陈庆彬.辽宁省四所重点体育运动学校现状调研及可持续发展研究[D].太原：太原理工大学，2010.

[46] 王方.辽宁省竞技体育优势项目后备人才现状及对策研究[D].北京：北京体育大学，2006.

[47] 赵剑峰.辽宁省高校试办高水平运动队现状调查及发展对策研究[D].西安：陕西师范大学，2008.

[48] 申佳晨，陈伟.辽宁省大型体育场馆经营管理的体制性障碍研究[J].搏击,

2010,2(6):35-39.

[49] 方程.全国体育系统人才资源开发研究[J].福建体育科技,2008,27(5):1-5.

[50] 张文俊.略论我国竞技体育人才流动的法制建设[J].内江科技,2009(11):6.

[51] 孙丽,庄茂花,陶磊.略论竞技体育人才交流[J].冰雪运动,2002(3):66-68.

[52] 佟春雨,邹师.辽宁省竞技体育人才成长环境的教育学分析[J].沈阳体育学院学报,2006,25(2):29-31.

[53] 丛冬梅,刘宁.辽宁省竞技体育人才成长的地理与人文环境[J].体育文化导刊,2007(10):13-15.

[54] 沈小乐,和光磊.竞技体育人才培养校园化研究[J].百色学院学报,2006,19(6):90-92.

[55] 刘沁.竞技体育人才培养向教育回归的研究[J].教育研究与实验,2010(2):136-138.

[56] 周洪珍.竞技体育人才培养投入产出效益与风险的综述研究[J].经济研究导刊,2009(36):136-137.

[57] 李晓康.竞技体育人才培养的哲学观[J].山西师大体育学院学报,2005,20(1):29-32.

[58] 侯晓敏.经济危机形势下辽宁省人才供需现状及应对策略[J].科学之友,2010(5):66-67.

[59] 韩新君,李玉铮,冯秀华.建立运动员伤残保障体系的思考[J].体育文化导刊,2002(2):16-18.

[60] 李文勇.基于人才流动分析的山东省人才环境优化研究[D].天津:天津大学,2004.

[61] 黄平波,王郅.构建我国竞技体育人才合理流动策略的研究[J].体育科技文献通报,2008,16(6):109-110.

[62] 张浩,刘献国.对转型期我国竞技体育人才发展战略的思考[J].贵州体育科技,2007(3):3-5.

[63] 韩新君,翁家银,韩新红,等.对构建运动员权利保障体系的研究[J].广州体育学院学报,2005,26(6):64-70.

[64] 严德一.WTO背景下我国体育人才培养新观念[J].辽宁体育科技,2004,26(3):19-21.

附录
辽宁省竞技体育人才培养办法

附录 辽宁省竞技体育人才培养办法

《辽宁省竞技体育人才培养办法》业经2009年8月20日辽宁省第十一届人民政府第27次常务会议通过，现予发布施行。

第一条 为加强竞技体育人才培养，提高竞技体育运动水平，推动体育事业持续发展，根据《中华人民共和国体育法》等法律、法规，结合我省实际，制定本办法。

第二条 本办法所称竞技体育人才，是指专业运动员和竞技体育后备人才。

专业运动员是指由省、市体育专业运动队招聘，专业从事某项体育运动训练和参加比赛的运动员。竞技体育后备人才是指具有体育潜质，通过选拔进入体育运动学校、少年儿童体育学校、体育传统项目学校和符合条件的青少年体育俱乐部、社会力量举办的其他培训机构（以下统称竞技体育人才培养机构），参加体育训练的青少年、儿童。

第三条 本省行政区域内竞技体育人才的培养和管理活动，适用本办法。

第四条 省、市、县（含县级市、区，下同）体育行政部门负责本行政区域内竞技体育人才的培养和管理；教育行政部门负责竞技体育人才文化教育的组织和管理；其他有关部门按照各自职责做好竞技体育人才培养相关工作。

县体育行政部门与其他部门合署办公或者合并的，应当有专人负责竞技体育人才培养工作和专项经费投入。

第五条 市、县人民政府应当加强对竞技体育人才的培养，制定本行政区域竞技体育人才培养规划，将竞技体育人才培养纳入国民经济和社会发展规划。

第六条 竞技体育人才的培养实行政府主导和社会参与相结合的原则，建立多渠道、多层次的人才梯队，形成由初级、中级到高级相互衔接、良性循环的发展体制。

第七条 竞技体育人才培养机构应当对竞技体育人才进行爱国主义、

集体主义、社会主义教育和法制教育，培养敬业精神，增强组织纪律观念，使其具备良好的政治思想素质和职业道德素质。

第八条 省、市、县人民政府应当将体育事业经费、体育基本建设资金列入本级财政预算和基本建设投资计划，并随着国民经济的发展逐步增加。省、市、县财政部门应当在每年体育事业经费预算中安排竞技体育人才培养经费。

根据竞技体育发展和国内国际比赛需要，适当增加省、市专业运动队人员力量。

第九条 培养竞技体育人才所需的非营利体育设施用地，可以依法通过划拨方式提供。

第十条 鼓励社会组织和个人向竞技体育人才培养机构捐赠，捐赠人可以依法对捐赠的工程项目留名纪念，并依据《中华人民共和国公益事业捐赠法》享受税收等优惠。

受赠的竞技体育人才培养机构对捐赠的财物应当妥善管理，不得挪作他用。

第十一条 体育行政部门可以独立举办或者与社会组织和个人合作举办体育运动学校。

鼓励社会组织和个人设立竞技体育人才培养机构，开展竞技体育后备人才培养工作。

第十二条 中小学校应当为竞技体育后备人才培养创造条件。省、市、县体育行政部门和教育行政部门应当将开展学生体育活动形成传统、并在体育运动项目技能上具有特色的中小学校，确定为体育传统项目学校。

鼓励高等院校建设高水平运动队和运动员培训基地，具体办法由省教育行政部门会同体育行政部门制定。

省、市体育行政部门应当将具有体育优势项目的竞技体育人才培养机构确定为竞技体育人才基地，对基地中的优势项目和优秀人才进行重点培养。

第十三条 省、市体育行政部门应当会同教育行政部门建立竞技体育后备人才数据库，加强对竞技体育后备人才的管理。

鼓励中小学校、社会组织和个人向竞技体育人才培养机构推荐具有体育运动潜质的青少年、儿童。

第十四条 县体育运动学校（含业余体校）与当地中小学校联合培养竞技体育后备人才的，县人民政府应当对体育运动学校给予经费投入。

第十五条 竞技体育人才培养机构应当与竞技体育后备人才或者其法定监护人依法签订培养协议，并自协议签订之日起10个工作日内报送本级体育行政部门备案。

第十六条 竞技体育后备人才到省、市政府举办的体育运动学校学习、训练，应当给予伙食费补助，所需经费由省、市财政部门承担。到省体育专业运动队试训期间，其待遇按照有关规定执行。

第十七条 省、市、县教育行政部门应当为竞技体育后备人才接受义务教育创造条件。

中小学校应当为竞技体育后备人才就近读书提供方便，为户籍在外地的竞技体育后备人才接受义务教育提供条件。

竞技体育人才在升高中时，实行文化成绩和体育专项成绩综合评分录取，具体办法由省教育行政部门和体育行政部门制定。

第十八条 省、市、县体育行政部门和教育行政部门应当定期举办青少年体育竞赛活动，培养、选拔竞技体育人才。

公共体育设施管理单位应当为竞技体育后备人才的训练或者比赛提供优惠和便利。

第十九条 运动员的招聘应当坚持公开、公平、择优的原则，由体育训练单位根据聘用条件及要求，采取考试、考核的方法进行，并签订聘用合同。

人力资源社会保障部门与体育行政部门负责运动员招聘工作的指导、监督和管理。

第二十条 省体育专业运动队有权在本省优先招收竞技体育人才。

竞技体育人才培养机构应当根据省体育专业运动队的需要输送竞技体育人才。

第二十一条　省、市体育专业运动队选拔竞技体育人才，应当向输送人才的竞技体育人才培养机构支付输送奖励费。

省、市、县人民政府对在全国运动会、亚运会、奥运会等重大比赛取得优异成绩的运动员及其教练员和输送单位给予奖励，对教练员还应给予输送奖和追踪奖，具体奖励办法由省体育行政部门会同省人力资源社会保障部门、财政部门制定。

有突出贡献的教练员，可以按照有关规定，破格参加职称评定。

第二十二条　竞技体育人才交流的，应当向竞技体育人才培养机构交纳培养费，其数额由省体育行政部门根据竞技体育人才的训练年限、培养成本、运动水平确定。

第二十三条　省、市体育专业运动队的运动员、教练员实行灵活多样的收入分配形式，具体办法由省体育行政部门会同省人力资源社会保障部门、财政部门制定。

第二十四条　竞技体育人才培养机构可以根据需要引进国内外优秀运动员、教练员，具体办法由省人力资源社会保障部门会同体育行政部门制定。

第二十五条　符合国家规定条件的高水平运动员，可以参加高等学校组织的单独考试或者在高考中享受优惠待遇。省教育行政部门应当会同有关部门做好普通高校招收高水平运动员工作。

第二十六条　获得奥运会前8名、世界锦标赛、世界杯赛和全国运动会前3名并具有高中（中专、技校、职中）毕业以上学历的运动员退役时，省、市、县体育行政部门可在所属事业单位空余编制内单列部分岗位，通过考核方式对其进行招聘。

第二十七条　获得奥运会前8名、世界锦标赛、世界杯赛和全国运动会前3名，亚运会前2名的运动员退役时，符合教师岗位任职资格的，高等学校可在编制限额内，采取考核方式招聘到体育教学岗位工作。取得大专以上毕业证书并具有相应教师资格的退役运动员，可采取考核方式招聘到中小学体育教学岗位工作。

省、市体育、教育行政部门应当为有意从事体育教学工作的退役运动员取得教师资格创造条件。

第二十八条 体育行业、体育服务业、体育运动学校以及用体育彩票公益金或政府资金建立的体育运动场所新增就业岗位，应当优先安排退役运动员；需要体育骨干的非体育系统单位，同等条件下也应优先选用退役运动员。

第二十九条 鼓励退役运动员自主创建体育经营实体或从事个体经营，政府有关部门应按规定在政策上给予扶持，金融机构应视情况提供贷款。

第三十条 对自主择业、自谋出路和进入高等院校学习的退役运动员，实行一次性经济补偿。具体补偿标准，按照国家和省有关规定执行。

第三十一条 省、市、县人力资源社会保障部门所属职业培训、鉴定机构应当向退役运动员提供职业技能培训、考核鉴定服务，所需经费在同级财政年度经费预算中列支。

第三十二条 违反本办法规定，有下列行为之一的，由有关部门责令改正；拒不改正的，对直接责任人给予行政处分：

（一）竞技体育人才培养机构不按规定将与竞技体育后备人才签订的协议报送体育行政部门备案的；

（二）运动员、教练员违反有关规定交流的。

第三十三条 省、市、县体育、教育等行政部门及工作人员在竞技体育人才培养工作中，玩忽职守、徇私舞弊、以权谋私的，依法给予行政处分；构成犯罪的，依法追究刑事责任。

第三十四条 本办法自2009年10月1日起施行。